# OUTPUT

**THE POWER OF OUTPUT : How to Change Learning to Outcome**

# 最高學以致用法

## 讓學習發揮最大成果的輸出大全

学びを結果に変える
アウトプット大全

精神科醫師
**樺澤紫苑**

賴郁婷 ———— 譯

以科學的方式，加速自我成長，
使人生變得更美好

前言

## 什麼是促使人成長的關鍵？

「我想更完整地表達自己的意見。」

「我想加強自己在談判和業務上的能力。」

「我想激發更多靈感。」

「我想在工作或學習上,交出更漂亮的成績單。」

想必應該很多人都有這種想法吧。

　　事實上,即便透過大量閱讀或參加各種研習講座來做到「輸入」,但只要「輸出」的方法不對,就無法達到自我成長的目標。

　　這是因為大腦構造的緣故。

## 能交出成果的人，都很重視輸出

可以斷言的是，能夠持續交出成果的人，絕大多數都是重視輸出勝於輸入。

倘若只會死背一大堆知識，這種輸入方式的學習，對現實生活來說，不會有任何改變。

有了輸入之後，必須將學到的知識再做輸出。透過實際「運用」知識，大腦才會將其視為「重要情報」而轉換成長期記憶儲存，並活用在現實生活中。這才是腦科學的運作法則。

如果不瞭解大腦的基本構造，只會白白浪費人生的寶貴時間，平白遭受不可估量的損失。

有些人應該會說：「我國小、國中的時候，課本只要看一看就能記住啊！」這種像海綿吸水一樣背完之後、大腦就能自動儲存為經驗的能力，頂多只能發揮到二十歲為止。

一旦過了二十歲，大腦的神經網絡就會停止這種爆發性成長。這時候，假使學習方式無法切換為以輸出為主，不僅什麼都記不住，也無法累積任何經驗。

根據我的調查，大約有九成的上班族，學習和工作方式都是以輸入為主。也就是說，有九成的人，他們的學習和工作效率非常差，只是在浪費寶貴的時間和金錢。而這一切，單單只是因為「不擅輸出」而已。

## 能改變人生的，只有輸出

　　還沒自我介紹。我是精神科醫生樺澤紫苑，同時也是個出版過二十八本著作的作家。

　　我每個月的閱讀量，平均都有二十本以上，至今已經持續超過三十年了。這樣的輸入量可以說非常大，不過有一天，我突然覺得，不管看再多書，自己仍然毫無成長。

　　於是從那之後，我便開始刻意加強自己的輸出，直至今日。

　　跟各位介紹一下我一部分的輸出方式：

**電子報：每日發行，持續十三年**
**Facebook：每日更新，持續八年**
**YouTube：每日更新，持續五年**
**寫作：每日三小時以上，持續十一年**
**出版：每年平均二至三本，連續十年**
**新作講座：每個月兩場以上，連續九年**

　　關於詳細內容，後文將有說明。不過，透過這些輸出，現在我每天都能感受到自己有突飛猛進的成長。

　　有了這些經驗，所以我後來才能出版創下包括擁有十五萬冊銷售量的《高材生的讀書術》（人類智庫出版，日文原著書名為《読んだら忘れないと読書術》）等，累計銷售五十萬冊的多本相關著作。

　　很多人都會問我，如此大量的輸出，「你還有時間睡覺嗎？」事實上，我每天至少都有七個小時以上的睡眠時間。

不僅如此，

**基本上，我每天晚上六點以後不工作；**
**每個月會看十部以上的電影；**
**每個月看二十本以上的書；**
**每星期上健身房四至五次；**
**每個月有十場以上的聚餐；**
**每年出國旅行三十天以上。**

以這樣來看，我想，我休閒的時間應該是一般人的三倍以上。

之所以能做到這樣，全是因為我下了許多工夫在研究輸出方法，想盡辦法讓輸入和輸出能達到平衡，成功讓學習和自我成長的速度發揮到最大極限。

人生，是靠輸出達到轉變。
只要改變方法，將工作和學習的重點放在輸出，各位也可以達到突飛猛進的爆發性成長，發揮無可計量的能力。

身為「日本最擅長輸出的精神科醫師」，我以數萬個小時的「輸出經驗」為基礎，研發出一套絕對可以交出成果的「輸出法」。
接下來我將透過本書，將其中祕訣毫不保留地傾囊相授。

 CONTENTS

前言 ———————————————————— 004

**CHAPTER1** 輸出的基本法則
# RULES

何謂「輸出」？輸出的定義 ———————————— 018
「現實」只能靠輸出來改變

自我成長和輸出的關係 —————————————— 020
成長曲線取決於輸出量的多寡

輸出是一種「運動」 —————————————————— 022
用身體去記憶的「運動性記憶」，是牢記的關鍵

輸出的基本法則 1 ——————————————————— 024
兩週內運用超過三次的情報，大腦會自動轉為長期記憶

輸出的基本法則 2 ——————————————————— 026
輸出和輸入的循環——「成長的螺旋梯」

輸出的基本法則 3 ——————————————————— 028
輸入和輸出的黃金比例為 3：7

輸出的基本法則 4 ——————————————————— 030
檢視輸出結果，將經驗活用在下一次

有效反饋的四個方法 —————————————————— 032
讓「成果」促使「成長」的方法

輸出的六大好處 ————————————————————— 036
人生變得更快樂、更豐富！

**CHAPTER2** 以科學為根據基礎的表達術
# TALK

01 說1
描述前一天發生的事，也是一種輸出 ——————— 040

02 說2
多使用正面語言，就能得到幸福 —————————— 042

03 說3
說人壞話，就是負面人生的開始 —————————— 044

04 表達1
眼神和態度，就像嘴巴一樣會說話 ———————— 046

05 眼神接觸
眼睛是善於表達「想法」和「感情」的器官 ———————— 048

06 表達2
委婉而確實的說話術——「緩衝說法」 ———————— 052

07 打招呼
打招呼是告訴對方「我接受你」 ———————— 056

08 閒聊
比起「長篇大論」，「不時聊個幾句」效果更好 ———————— 058

09 提問1
開始前的提問，決定學習的方向 ———————— 060

10 提問2
加深討論深度的「適當提問」 ———————— 062

11 請託
比起「give and take」，不如抱著「give and give」的態度 ———————— 064

12 拒絕1
把時間優先留給「真正想做的事」 ———————— 066

13 拒絕2
以「優先順序」為唯一標準，當下就做出決定 ———————— 068

14 簡報
化緊張為助力，提升工作能力 ———————— 070

15 討論
重要的是謹慎的事前準備，以及少許的勇氣 ———————— 072

16 請教
把心情說出來，心裡就輕鬆許多 ———————— 076

17 建立關係
和「有深度關係」的十五個人建立緊密關係 ———————— 078

18 讚美1
「讚美使人成長」一點也沒錯 ———————— 080

19 讚美2
不會造成對方得意忘形的有效「讚美法」 ———————— 082

20 斥責1
生氣是為了自己，責罵是為了對方 ——————— 086

21 斥責2
沒有信賴關係，罵只會帶來反效果 ——————— 088

22 道歉
「道歉」不是「認輸」 ——————— 090

23 說明1
從「語意記憶」轉換成「情節記憶」 ——————— 092

24 說明2
用「充滿自信的態度」加上「根據」 ——————— 094

25 坦白
坦承自己的真正想法，可以加強緊密關係 ——————— 096

26 自我介紹
事先準備好「30秒」和「60秒」兩種版本 ——————— 098

27 賣東西1
不是「推銷」，而是「展現價值」 ——————— 102

28 賣東西2
只要「價值＞價格」，東西就賣得出去 ——————— 104

29 感謝
讓事情一切順利的神奇咒語——「謝謝」 ——————— 106

30 打電話
緊急時，能夠發揮最大效用的工具 ——————— 108

## CHAPTER3 激發極限能力的書寫方法
# WRITE

31 寫
寫得愈多，大腦愈活化 ——————— 114

32 動手寫
手寫的效果遠勝過打字 ——————— 116

33 寫下想法
書中密密麻麻的想法，都是學習的軌跡 ——————— 118

34 寫下來
將大腦中的情報，像拍照一樣保存下來 —————— 120

35 塗鴉
「提升記憶力」的驚人功效 ———————— 122

36 列清單
大腦最多只能同時處理三件事 ———————— 124

37 寫出好文章
除了「多讀多寫」，別無他法 ———————— 126

38 快速寫文章
根據「設計圖」，寫作速度最快可以提高三倍 —————— 128

39 快速打字
工作上的電腦基本能力 ———————————— 130

40 列出待辦清單
一天當中最重要的工作，而且要一早起來就做 —————— 134

41 記錄發現
不想錯失點子，關鍵時間只有三十秒 ———————— 138

42 靈感1
放鬆才能獲得創意 ———————————— 140

43 放空
「發呆」可以活化大腦 ———————————— 142

44 靈感2
激發完美創意必備的四階段 ———————— 144

45 靈感小卡
激發靈感不可或缺的必備工具：便條紙 —————— 146

46 做筆記
思考的軌跡，完整保留在筆記裡 ———————— 150

47 彙整構想
從透過紙筆「激發靈感」開始 ———————— 154

48 製作簡報投影片
先確定構想之後，再製作投影片 ———————— 156

49 寫白板
討論意見最適合的工具 ———————————— 160

50 引用1
大幅提高說服力的「引用」魔法 —————— 162

51 引用2
透過專業工具，尋找適當的引用 —————— 164

52 摘要
用140個字鍛鍊「摘要能力」=「思考力」 —————— 166

53 設定目標
設定具體的「實現目標」 —————— 168

54 實現目標
把目標烙印在腦中，向大眾公開 —————— 172

55 撰寫企劃
平時先盡量蒐集企劃點子 —————— 174

56 繪製插圖
與其「口頭」說明，不如用「口頭＋圖片」說明更有效 —————— 178

57 發送e-mail
一早收發e-mail的時間，控制在五分鐘內 —————— 180

58 以愉快的心情書寫
大方投資可促使自我成長的「夥伴」 —————— 184

59 解決問題
念書的黃金比例為「默背」3：「練習解題」7 —————— 186

CHAPTER4 成效遠勝過他人的行動力
# DO

60 採取行動
將「自我滿足」轉換成「自我成長」 —————— 190

61 持之以恆
做出成績的終極成功法則 —————— 192

62 教人1
促使自我成長最有效的輸出方法 —————— 196

63 教人2
試著找就會找到，沒有就自己製造機會 —————— 198

64 專注
人的大腦無法同時做好幾件事 ———————————— 200

65 自我挑戰1
沒有挑戰，就沒有成長 ————————————————— 202

66 自我挑戰2
反覆告訴自己「只要努力，總會成功」 —————————— 204

67 開始行動
只要努力五分鐘，就能啟動「動力開關」 ————————— 206

68 嘗試
不嘗試，永遠只能保持現狀 ———————————————— 208

69 樂在其中
「開心」可以提升記憶力和動力 —————————————— 210

70 下決定
「五秒鐘」內選擇「令自己興奮的」 ——————————— 212

71 （透過語言）表達
吐露難過和痛苦，達到排解的目的 ———————————— 214

72 完成
花時間琢磨「三十分的完成品」 —————————————— 216

73 領導
提出「願景」，而不是「目標」 —————————————— 218

74 笑
露出笑容，十秒內就能感到開心 —————————————— 220

75 哭
眼淚有排解壓力的效果 —————————————————— 222

76 控制「憤怒」
不是排解，而是聰明地接受它 ——————————————— 224

77 睡覺
做不好，或許是因為睡眠不足的緣故 ——————————— 226

78 運動
一天1小時、一週2次有氧運動可活化大腦 ———————— 228

79 危機管理
盡量減少「跡近錯失」的發生 ——————————————— 230

80 時間管理
善用一天十五分鐘的「空檔時間」 ———————————— 232

**CHAPTER5** 提升輸出力的7大訓練
# TRAINING

其 1 寫日記
最簡單、效果最好的輸出訓練法 ———————————— 240

其 2 記錄健康狀態
每天記錄「體重」、「狀態」和「睡眠時間」 ———————— 246

其 3 寫讀後感想
讀完書之後，一定要寫下感想 ———————————— 248

其 4 發送情報
好處遠比壞處多 ———————————————————— 254

其 5 在社群媒體上發文
發送情報的第一步——「以熟人為對象」 ————————— 258

其 6 寫部落格
成為「人氣部落客」的三大祕訣 ———————————— 262

其 7 寫興趣
活用興趣知識，寫出「打動人心」的文章 ———————— 266


結語 ———————————————————————————— 268

參考資料 ————————————————————————— 271

作者介紹 ————————————————————————— 272

# THE POWER OF
# OUTPUT

## CHAPTER1

## 輸出的基本法則

# RULES

# 何謂「輸出」？輸出的定義
## What is Output?

## 「現實」只能靠輸出來改變

在本書當中，我希望讓大家瞭解輸出的重要性，並傳授各位具體的輸出方法，以及如何透過輸出達到自我成長。

在進入主題之前，大家常聽人家說「輸出」和「輸入」，不過，到底「輸出」和「輸入」指的是什麼呢？

所謂輸入，指的是把情報放入大腦中。而輸出則是針對放入大腦的情報做處理，然後表現出來。

具體來說，「讀」和「聽」都是屬於輸入，「說」和「寫」則是輸出。

看書是一種輸入，而將看完之後的感想說給朋友聽，就成了輸出。把感想寫成文章也是輸出，或者，根據書中的內容實際付諸行動，也叫做輸出。

以學習來說，讀課本是輸入，解題、考試則是輸出。或者，把理解之後的內容向朋友說明或傳授，也是一種輸出。

輸入可以增加大腦的情報和知識，但光是只有輸入，實際上並不會引發任何變化。

相反的，輸出是一種「行動」。唯有透過輸出，才有辦法對真實世界帶來變化和影響。

就算讀了一百本書，如果完全沒有輸出，對真實世界來說，什麼變化也沒有。

輸入改變的只有「大腦世界」。唯有輸出，才能改變「真實世界」。

## 何謂輸出？

 ＝吸收　　　 ＝運用

讀

說

聽

寫

行動

去找那個人吧！

↓　　　　　　　　　　↓

改變「大腦世界」　　　改變「真實世界」

 要想改變眼前的現實，
就多說、多寫、實際採取行動吧。

# 自我成長和輸出的關係

Relationship between self-growth and output

## 成長曲線取決於輸出量的多寡

各位覺得,「每個月讀三本書的人」和「每個月讀十本書的人」,哪個人會比較有所成長?大部分的人應該都會覺得「看比較多書可以學到更多知識,所以成長得會比較多」吧。

事實上,這種想法是錯的。輸入量和自我成長的幅度,完全不成比例。真正的重點,其實不是輸入的份量,而是輸出量。

舉例來說,「每個月讀三本書,且可以說出三本書內容的人」,和「每個月讀十本書,卻說不出任何一本內容的人」,各位覺得兩者誰有成長呢?不用說,一定是「讀三本書,且可以說出三本書內容的人」,也就是輸出量較大的人。

因為無論輸入量再大,只要沒有輸出,就不會成為記憶、儲存在大腦。

有人會說:「我看書很專心,不可能那麼輕易就忘記內容。」倘若是這樣,請各位現在就從書櫃裡隨便抽出一本書,花五分鐘的時間說明一下書裡的內容。如果可以在五分鐘內說明清楚,表示不但記住了內容,而且大腦確實獲得知識,成為自我成長的養分。

相反的,假使無法說明,就代表其實大腦並沒有記住內容。既然大腦沒有留下記憶,等於完全沒有用。

我曾經做過一項實驗,針對三十個讀過暢銷一百七十萬冊的《被討厭的勇氣》的人提出問題:「請解釋阿德勒心理學的定義。」其中能夠完整回答出來的,只有三個人,僅僅只有一成。其餘大多數的人一句話也答不上來,說不出個所以然。

也就是說，約有九成的人就算看了書或上過課，也只是「自以為懂」，事實上知識根本沒有轉換成記憶儲存在大腦。換言之，輸入只是一種「自我滿足」。真正和「自我成長」成正比的，其實是輸出量。

**哪一個有成長？**

每個月讀三本書的人　　　　　　每個月讀十本書的人

每個月讀三本書，　　　　　　　每個月讀十本書，
且說得出三本書的內容　　　　　卻說不出任何一本的內容

> 那本書
> 很有趣喔！
> 內容講的是……

> ……

成長速度加倍　　　　　　　　　　沒有長進

 把習得的知識做輸出，
讓自己不再只是「自以為懂」！

# 輸出是一種「運動」

**Output is Exercise**

## 用身體去記憶的「運動性記憶」，是牢記的關鍵

「讀」、「聽」是輸入，「說」、「寫」、「行動」是輸出。輸入和輸出最大的差異，簡單來說就是，輸出是一種「運動」。

人在做輸出時，會使用運動神經來活動肌肉。例如活動手部肌肉來「寫」，或是活動嘴巴和喉嚨周邊的肌肉來「說」，或是活動全身肌肉來「行動」等，全都是透過運用運動神經和肌肉來進行。

「寫」或「說」這類透過運用運動神經獲得的記憶，稱為「運動性記憶」。運動性記憶的特徵在於，一旦記住，就幾乎不會忘記。就像應該沒有人隔了三年沒騎腳踏車，結果卻忘記怎麼騎了。

當肌肉和肌腱活動時，動作會經由小腦傳到海馬迴，最後儲存在大腦聯合區。由於是經由小腦傳遞，因此過程相對複雜，會使用到更多的神經細胞，更容易留下記憶。所以才會一旦記住，就很難忘記。

### 一旦用身體記住，就很難忘記

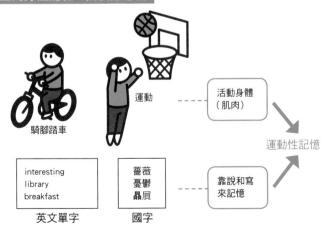

騎腳踏車

運動

| interesting<br>library<br>breakfast | 薔薇<br>憂鬱<br>晶屓 |
|---|---|
| 英文單字 | 國字 |

活動身體（肌肉）

靠說和寫來記憶

運動性記憶

　　至於一般教科書常見的「默背」方法，使用的是「意義記憶」。意義記憶的特色就是很難記住，而且容易忘記。

　　因此，只要利用「邊寫邊背」，或是「唸出聲音來背」，就能將內容轉換成「運動性記憶」記住了。

　　舉例來說，有時候各位在背國字或英文單字的時候，就算沒有用大腦一一思考，手也會不由自主地邊寫邊背。這種「透過身體活動來記憶」的感覺，就是「運動性記憶」。

　　例如，光是在腦中唸「apple，蘋果」，幾乎不可能記住。但是，如果一面唸出聲音，一面反覆寫在紙上，寫個十幾二十次之後，差不多就能記住了。

　　透過「說」、「寫」、「行動」等實際活動身體，可以幫助自己更容易記憶，達到真正的「學會」，也就是促使自己有所成長。

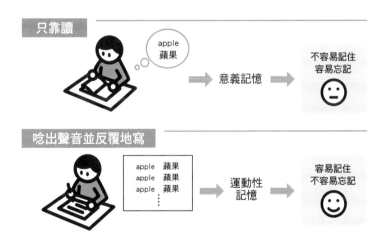

只靠讀　→　apple 蘋果　→　意義記憶　→　不容易記住 容易忘記

唸出聲音並反覆地寫　→　apple 蘋果 apple 蘋果 apple 蘋果 ……　→　運動性記憶　→　容易記住 不容易忘記

不要只是用眼睛看，
靠一面唸出聲音、一面用手寫來背。

# 輸出的基本法則 1
## The Basic Rules of Output

### 兩週內運用超過三次的情報，大腦會自動轉為長期記憶

各位還記得一個月前的午餐吃了什麼嗎？我想應該沒有人記得吧。那麼，如果是三天前的午餐呢？這樣應該就有很多人想得起來了。

為什麼三天前的事情還記得，一個月前的記憶，卻變得模糊不清了呢？如果想預防遺忘，又該怎麼做呢？

人的大腦機制，會將「重要情報」視為長期記憶儲存起來，「非重要情報」則忘記。而所謂「重要情報」，就是輸入大腦之後經常「被運用的情報」。

也就是說，情報就算輸入大腦，假使沒有經常運用，很快就會忘記。

輸入大腦的情報，會暫時被儲存在叫做「海馬迴」的部位，時間大約是二至四週。在海馬迴暫時保存的這段時間內，如果情報經常被運用，大腦就會斷定該情報是「重要情報」，將它移至「顳葉」的長期記憶中儲存。

### 海馬迴和顳葉

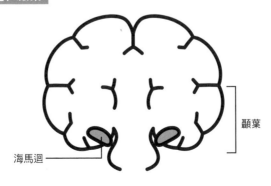

顳葉

海馬迴

一旦被儲存到顳葉，記憶就不容易遺忘，會記住很長一段時間。這就像超商將錢暫時存放在「收銀機」裡，等到累積了一定金額之後，再存至「保險箱」一樣。

以大略的時間來說，從情報輸入大腦後開始算起，如果兩週內輸出三次以上，該情報很快地就會被當成長期記憶儲存。各位可以回想一下國高中時期念書的情況。沒有人可以背一次就記住英文單字，大部分的人都是先背起來之後，經過三次左右的複習，最後才記住。

這裡所說的「運用情報」，指的正是輸出。也就是透過「說」或「寫」的方式，將大腦裡的情報做輸出，藉此轉為長期記憶。

### 大腦的記憶機制

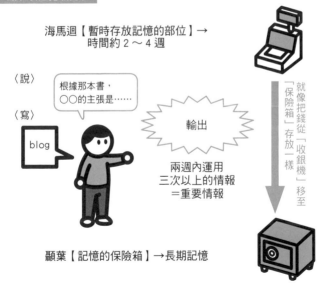

海馬迴【暫時存放記憶的部位】→
時間約 2 ～ 4 週

〈說〉

根據那本書，
○○的主張是⋯⋯

〈寫〉

blog

輸出

兩週內運用
三次以上的情報
＝重要情報

就像把錢從「收銀機」移至「保險箱」存放一樣

顳葉【記憶的保險箱】→長期記憶

透過反覆三次的「說」和「寫」，
讓情報成為長期記憶，儲存在大腦裡。

## CHAPTER1
### RULES

# 輸出的基本法則 2
## The Basic Rules of Output

### 輸出和輸入的循環——「成長的螺旋梯」

如同上述，透過輸出，大腦會建立記憶，學到知識，實現自我成長。然而，要做到輸出，還是需要先有輸入才行。究竟我們該怎麼看待輸入和輸出之間的關係呢？

首先是先有輸入。先輸入，再輸出。輸出之後，再繼續輸入。透過不停反覆地輸入和輸出，就能達到自我成長的目的。

雖然是不停地反覆輸入和輸出，但事實上並不是像畫圓一樣一直原地打轉。每結束一次輸入和輸出的循環，就多少會有所成長。

甚至，透過不停地輸入之後再輸出，可以讓自己像爬螺旋梯一樣，不斷地向上提升。

我將這種現象稱為「成長的螺旋梯法則」。這種反覆輸入再輸出的作法，正是最有效的學習方法，也是「自我成長的法則」。

作家立花隆曾經說過：「只有透過無止境的輸入，累積形成多元而充滿自我風格的知性世界，才有辦法達到源源不絕的輸出。」也可以說，反覆輸入和輸出，才是智能生產活動的軸心所在。

腦科學家茂木健一郎所出版的《翻轉你的工作腦》（時報出版，原文書名為《脳を活かす仕事術》），其主旨中提到，大腦輸入和輸出循環最重要的一點，就是用喜悅的心情「不停地輸入再輸出」。

因此，如果想達到自我成長的目標，方法就是輸入再輸出，不停地反覆循環就對了。

## 自我成長的螺旋梯

不停反覆進行「輸入」和「輸出」的循環

 輸入一定要搭配輸出一同實踐。

# 輸出的基本法則 3
The Basic Rules of Output

## 輸入和輸出的黃金比例為 3：7

輸入和輸出最有效的比例，大概是多少呢？

根據一項針對大學生念書時間當中，「輸入」（念課本）和「輸出」（解題）各自時間佔比的調查發現，輸入和輸出的比例平均大約是7：3。

另一方面，我曾經針對八十八名來參加講座的社會人士進行調查，發現這些人輸入和輸出的比例是7.1：2.9，也就是呈現7：3。其中只有不到四成的人，輸出比例佔整體的88%，其他多數人的學習，都是以輸入為主。

換言之，以現實狀況來說，無論是學生或社會人士，幾乎所有人都將學習重點放在輸入上。

美國哥倫比亞大學心理學家蓋茲博士（Arthur Gates）曾經做過一項非常有趣的實驗。

實驗找來一百名年齡屆於國小三年級至國中二年級之間的學童，讓他們背下「社交名人錄」（名人年鑑）裡的人物資料，時間為九分鐘。其中安排給每一組的「記憶時間」（輸入時間）和「練習時間」（輸出時間）的比例，各自不同。

最後成績最高的，是花了40%的時間在「記憶」的組別。年紀愈大的人，花在「記憶時間」的比例相對遞減，其中以花了30%時間的組別成績最好。

以輸出比例來說，初學者花六成的時間、已經熟練的人花七成的時間，這樣的時間比例，可以說是最有效的學習方式。

很多人都是「輸入過剩／輸出不足」，這才是導致「學習沒有成果」的最大原因。輸入和輸出的黃金比例，應該是3：7。各位不妨隨時自我提醒，比起輸入，記得多花將近兩倍的時間做輸出。

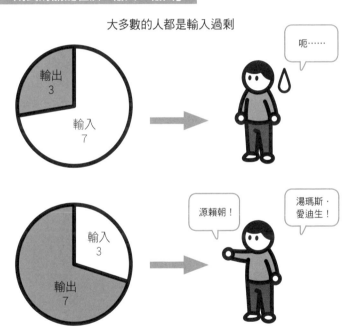

**成長的關鍵在於「輸入＜輸出」**

大多數的人都是輸入過剩

呃……

輸出
3

輸入
7

源賴朝！

湯瑪斯・愛迪生！

輸入
3

輸出
7

輸入和輸出的黃金比例為 3：7

與其死讀課本，不如多多練習解題。

# 輸出的基本法則 4
The Basic Rules of Output

## 檢視輸出結果,將經驗活用在下一次

現在各位已經知道,透過不斷地反覆輸入和輸出,可以達到急速的自我成長。只不過,有些人即便做到輸入和輸出,卻始終不見任何成長。這之間到底是哪裡出了問題呢?答案就是,因為沒有確實做到反饋。

前面雖然提到「透過不斷地反覆輸入和輸出,可以達到急速自我成長」,但事實上,在輸出之後,到下一次輸入之前,還有一個步驟絕對不能省略,那就是「反饋」。

所謂反饋,指的是評估輸出所得到的結果,經過思考整理,在下一次輸入時進行調整。也就是重新檢視、反省、改善、修整方向、細部調整、探究原因等一連串的作業,全都是反饋。

無論做任何事,一旦失敗,事後都要思考原因和理由,採取應對措施。假使成功,也要思考成功的理由,想辦法下一次做得更好。

**何謂「反饋」?**

重新檢視

反省

改善

修正方向

細部調整

探究原因

透過反饋，可以導正行為方向，讓自己比以前更進步、有所成長。如果沒有做到反饋，同樣的情況會持續不斷發生。也就是說，一切只是在原地打轉，不會為自己帶來任何成長。

例如考試寫錯答案，成績好的孩子，會思考自己錯在哪裡，確實做好複習，針對自己不熟的地方加強，努力不要犯下同樣的錯誤。

反觀成績不好的孩子，會放任「錯誤」不管，結果下一次考試又犯同樣錯誤。如此一來，成績當然不會進步。

輸出後不做反饋，意思就像上完廁所不沖水一樣。花費心思工夫完成的輸出，如果做完就當結束、沒有後續的反饋，這樣是不會有成長的。

## 反饋對自我成長來說不可或缺

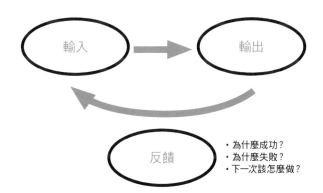

- 為什麼成功？
- 為什麼失敗？
- 下一次該怎麼做？

無論成功或失敗，記得都要查明「原因」。

# **CHAPTER1**
### RULES
# 有效反饋的四個方法
**4 Effective Ways of Feedback**

## 讓「成果」促使「成長」的方法

我想，沒有反饋習慣的人，對於自己究竟該反省什麼、下一次行動前又該做何調整，應該是完全摸不著頭緒。

因此接下來，我要傳授各位有效做到反饋的四個方法，也就是四大武器。

### （1）克服弱點，發揮所長

要想有所成長，有兩個方法，分別是「克服弱點」和「發揮所長」。是要克服自己的缺點、弱點或不擅長的事，還是要發揮自己的優點或所長，兩者只能選擇其一。

針對書中「不懂的地方」反覆閱讀，或是上網查資料，或是從其他書中尋找答案等，這些都屬於「克服弱點」。另一方面，針對書中「覺得有趣的部分」或「有用的部分」實際運用，甚至是再透過閱讀其他書來加強，這些都屬於「發揮所長」。或者像是練習解題時，如果「寫對」，就挑戰更難的應用題。這也是「發揮所長」。如果「寫錯」，就查明原因，確認基本概念，回頭再重新複習課本，這叫做「克服弱點」。

---

### 克服弱點，發揮所長

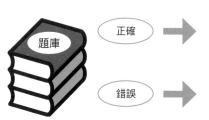

正確 → 進一步挑戰應用題或難度較高的題目

發揮所長

錯誤 → 找出錯誤的原因，重新複習課本，確認基本概念

克服弱點

不擅長念書的人，應該以「發揮所長」為優先，增加自信心。因為體會念書的「樂趣」是非常重要的一件事。但如果想交出漂亮的成績單，就必須「克服弱點」。不過，「克服弱點」需要花費大量精力和時間，比較適合稍微有基礎能力的人。

### （2）加強寬度和深度

學習只有兩個方向，分別是「寬度」和「深度」。

一開始先大略地「廣泛」學習，一旦從中發現自己感興趣或好奇的目標，接著就應該不斷「深入」去學習。

舉例來說，如果讀完拙作《高材生的讀書術》，接著想再讀其他相關書籍，從「瞭解其他人的讀書方法」等廣泛的角度來說，不妨可以看看神田昌典或齋藤孝等其他作者所寫的讀書術。

不過，如果是想深入瞭解樺澤流的讀書術，則可以閱讀跳脫念書框架、從整體「學習方法」來探討的《讓你從此不再白費力氣的超強學習法》（暫譯，原文書名為《ムダにならない勉強法》）。

自己究竟是想「廣泛」或「深入」瞭解知識？只要想清楚這兩個方向，就會知道自己接下來該怎麼做。

### 學習的兩大主軸

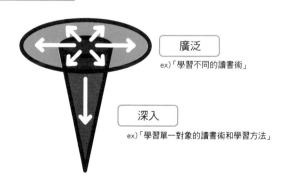

廣泛
ex)「學習不同的讀書術」

深入
ex)「學習單一對象的讀書術和學習方法」

### （3）解決疑惑

在輸入和輸出的過程中，一定會產生「疑惑」，例如「為什麼會失敗？」「為什麼會變成這樣？」等。這時候，千萬不能放任這些「為什麼」不去理它。只要針對這些「為什麼」去追根究柢，一定會有所「發現」。也就是說，解決「疑惑」本身，就是一種成長。

一旦產生疑惑，首先可以試著上網找答案，或是透過閱讀其他書籍深入瞭解。可以自己解決疑惑的人，成長的速度也相對較快。相反的，沒有辦法靠自己解決疑惑的人，永遠只會在「原地」踏步，無法有所成長。

各位現在就趕緊養成解決問題的習慣，別再放任「為什麼」不管了。

### （4）請教他人

最有效的反饋方法，就是向「他人」請求建議。如果可以從知識和經驗比自己豐富的他人身上獲得適當的輸出建議，包括老師、前輩、主管、專家、教練、指導員、顧問等，不僅能夠修正自己的弱點和缺點，也會為自己帶來突飛猛進的成長。

**輸出之後**

　　請求建議時，不是隨便問問就行了，必須先想清楚自己的疑惑或問題點。愈是能精準針對「解答『為什麼』」發問的人，就能獲得搶先一步的建議。如果光是問一些簡單的問題，最後只會得到基本的答案，無法為自己帶來成長和進步。

　　另外一點很重要的是，平時就要先找好對象，讓自己可以在有疑惑的時候尋求幫助。

　　做到輸入和輸出之後，記得一定要養成習慣，針對結果或成果進行反饋。不僅如此，還必須每天針對自己的每個行動，都進行反饋。

　　隨時修正方向、做細部調整，將經驗運用到下一次的輸入。只要可以把握「成功」和「失敗」的原因，自然會知道自己「應該怎麼做」。

**從知識、經驗比自己豐富的他人身上獲得建議**

老師　前輩　顧問　主管　指導者

面對疑惑和奇怪的感覺，不要放任不管，
務必透過各種方法盡量解決。

# 輸出的六大好處
## 6 Advantages of Output

### 人生變得更快樂、更豐富！

透過輸出，實際上可以帶來哪些好處呢？以下就為各位介紹讓人不禁想「努力輸出！」的好處。

### （1）留下記憶

人對於只有輸入的情報，很容易就會忘記。不過透過輸出，大腦會判定該情報為「可運用的情報」、「重要情報」，進而儲存成記憶。

### （2）改變行動

輸出指的是「說」、「寫」和「行動」。這些全都是「運動」、「行動」。透過輸出之後的反饋，會讓人的行動朝更好的方向一步步提升。

### （3）改變現實狀況

一旦自己的行為改變，也會為周遭帶來各種影響，進而改變現況，讓現實朝正面的方向前進。例如工作變得更有效率、人際關係變得更圓融等。

### （4）獲得自我成長

透過反覆地輸入、輸出和反饋，會促使自己有所成長。只要持續反覆這樣的循環，各位就能確實一步步地向上提升。

## （5）變快樂

到這裡為止，應該已經覺得，輸出是一件非常快樂的事。做正面的輸出，會讓自己獲得評價、肯定和信賴，讓人更想繼續輸出，連帶地也大大提高了輸出的動力。

## （6）獲得壓倒性的正面結果

獲得自我成長，現實狀況漸漸朝正面的方向改變。職場上的評價獲得提升，變得可以勝任重要工作，為自己帶來升遷的機會。

人際關係變得圓融，在職場上做起事來變得更輕鬆。找到戀人或另一半。正面結果接連發生，使人生變得更快樂、更精采豐富。透過輸出，就能帶來如此壓倒性的正面結果！

人生的成功法則，就是「輸出」。

接下來在Chapter 2，我將為各位介紹具體的輸出方法，以及實踐方式。

### 輸出帶來的六大好處

留下記憶

改變現實狀況

變快樂

獲得壓倒性的正面結果

改變行動

獲得自我成長

 要想成功，輸出絕對是不可少的條件。

# THE POWER OF
# OUTPUT

## CHAPTER2

# 以科學為根據基礎的
# 表達術

# TALK

# 01 說 1
Talk

## 描述前一天發生的事，也是一種輸出

「不擅長輸出」的人，應該從何下手開始練習呢？

首先，就從「說」開始吧。「說」是最簡單的一種輸出。例如跟朋友或同事聊聊前一天發生的事，這也是一種很好的輸出。

各位不妨可以針對自己讀過、聽到，以及體驗過的事，利用語言說給他人聽聽。

例如，向家人、朋友或後進聊聊「我昨天讀過的書中寫道⋯⋯」。如果可以在一週內，三次和他人分享自己讀完書的感想，就能輕鬆達到「輸出的基本法則1」的「兩週內運用超過三次的情報，大腦會自動轉換成長期記憶」。

只是透過「描述感想」，將大腦裡的情報、自己的想法、思考、念頭等，轉化為語言表達出來，如此一來，大腦就會變得更加靈活，同時也會讓記憶變得更深刻。

無論是讀完書的感想，或是看完電影的感想、看完電視節目的感想、看完球賽的感想、吃完美味東西的感想等，任何事情都可以，就先從「和他人聊聊自己的感想」開始，一步步試著練習輸出吧。

「描述感想」的訣竅就在於，盡量說出「自己的想法」或「自己的發現」。

在社群媒體上，經常可以看到類似「我去最近最紅的拉麵店嚐鮮了！」的發表文章。當中其實很多都沒有提到最重要的感想，例如「味道如何」、「好不好吃」等。

　　你的想法是什麼？你有什麼感覺？只要盡量說出「你個人的意見」，你說的「話」就會有價值，讓人願意傾聽。

### 盡量說出自己的「意見或發現」

我去了社群媒體上大家都在說的那間店了！

〔只描述出事實〕

那裡的海鮮湯超濃郁、超好吃的！

〔感想〕

我覺得那間店一定很快就會大受歡迎

〔意見〕

**事實** ＋ 感想 / 意見 ＝ 輸出能力向上提升 ⬆

針對體驗過的事物，一五一十地描述「你自己」的感受吧。

# 02 說 2
Talk

## 多使用正面語言，就能得到幸福

　　仔細聽居酒屋裡上班族的對話，會發現很多都是負面情緒的內容。對話中很少正面語言，大多是關於主管或公司的壞話和抱怨等。

　　在正向心理學的研究中發現，只要改變正面語言和負面語言的比例，無論是工作或人生、婚姻生活等，一切都會變得更美好。

　　反過來說，說話經常使用負面語言的人，工作、人生和婚姻生活等，各方面一切都會過得不如意。

　　根據美國北卡羅萊納州大學，針對職場上發生的正面語言和負面語言比例（正向比）的研究顯示，比例呈3：1以上、以正面語言佔多數的團隊，在工作上可以創造出相當高的利益，團隊成員的評價也非常高。

　　相對的，正向比未滿3：1的團隊，對公司的歸屬感較低，離職率也較高。以業績最好的團隊來說，正向比甚至高達6：1。

---

### 「正面」和「負面」的比例

負面語言
正面語言

| 3 比 1 以上 | 6 比 1 | 5 比 1 |
|---|---|---|
| 運作順利<br>的團隊 | 可創造高業績<br>的團隊 | 感情融洽<br>的夫妻 |

參考資料／《哈佛最受歡迎的快樂工作學》（原書名《The Happiness Advantage: How a Positive Brain Fuels Success in Work and Life》，Shawn Achor 著）

根據夫妻關係研究權威心理學家約翰‧高特曼（John Gottman）的研究，正向比一旦低於5：1，夫妻關係就非常有可能會面臨離婚。這種以正向比為基礎的離婚預測，命中率高達94%。

要想在工作上創造成功、維持良好人際關係，正面語言必須要是負面語言的三倍以上。各位在做輸出時，千萬要避免負面的輸出。因為，正面輸出若是沒有增加，成功和幸福自然不會降臨。

## 使用正面語言，人生會變得更順利

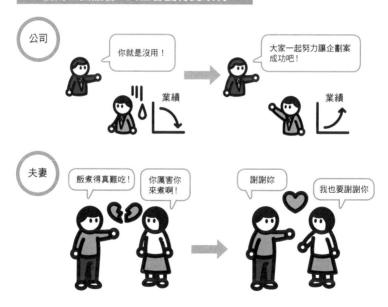

想要成功，就隨時保持正面語言吧。

# 03 說 3
## Talk

## 說人壞話，就是負面人生的開始

把心裡想的，轉換成語言「說」出來，就是一種輸出，因此我非常建議大家可以多「說」。不過，唯獨「壞話」，建議各位還是別嘗試比較好。

因為「說人壞話」，只會有百害而無一利。

### （1）刺激壓力荷爾蒙分泌

說人壞話，可能是為了「紓解壓力」。但研究證實，說人壞話，反而會增加壓力。

東芬蘭大學曾經針對1,449名平均年齡71歲的人進行調查，研究他們平時聊八卦、批評他人、待人態度惡劣的頻率有多頻繁。結果發現，經常說人壞話、批判他人的人，比起不常這麼做的人，罹患認知症的風險高出三倍之多。

另一項研究也發現，說人壞話時，會刺激俗稱為壓力荷爾蒙的皮質醇（cortisol）分泌。皮質醇倘若長期居高不下，會使得身體免疫力下降，導致各種疾病找上門。

皮質醇是一種身體感到壓力時會分泌產生的激素。也就是說，「說人壞話」不僅無法排解壓力，反而會給自己製造壓力。而且長期下來，還會增加罹患認知症等其他疾病的風險。

### （2）人際關係變差

輸出具有強化記憶的作用。如果一直在下班後說主管的壞話、挑毛病，大腦也會跟著加強「主管很討厭！」的記憶和情緒。

很多人或許覺得，這些話並不是在當事人面前說，所以不用擔心。然而，就算沒有說出口，想法還是會透過非語言訊息展現出

來。換言之,對方完全感受得到你心中覺得「主管真討厭!」的想法。到最後,主管對你的態度和評價只會愈來愈嚴厲,你的人際關係也會變差。

### (3)變成專挑他人毛病的人

如果彼此說對方的壞話,等於是把挑對方弱點、缺點和不好的地方,當成輸出來練習。也就是說,如果經常互說對方壞話,只會讓自己變成一個「專挑他人毛病的人」。

這麼一來,不只會看見他人不好的地方,看待自己時,也會一直把焦點放在自己的弱點、缺點和不好的地方。由此可知,「說人壞話」,根本就是一種「負面思考」的練習。

前述內容中曾提到,正向思考可以幫助你的人生變得更美好。相反的,負面思考會對你的人生踩下煞車,使你停滯不前。換言之,你等於為自己創造了一個做任何事都不會成功的人生。

**說人壞話會有什麼影響?**

厭惡

感到氣憤

焦躁不安

不開心

變得更「負面思考」,連帶提高生病的風險

除非不說,
否則說人壞話絲毫沒有任何意義。

# 04 表達 1
## Communicate Efficiently

## 眼神和態度，就像嘴巴一樣會說話

應該有很多人會覺得，自己不善於表達想法，或是不曉得該如何表達。無論是不擅表達，或是連基本的表達方式都不知道，所有關於「表達」的問題，可以說都是溝通的問題。

以溝通來說，可以分為「語言溝通」（verbal communication）和「非語言溝通」（non-verbal communication）等兩大類來思考，會比較容易理解。

「語言溝通」指的是語言的意思內容，以及言語上的情報；「非語言溝通」則包含外觀、表情、視線、姿勢、動作、手勢、服裝、儀容等各種視覺上的情報。另外，也包括聲調、聲音大小、聲音特色等聽覺上的情報。

心理學上有個相當知名的「麥拉賓法則」（The rule of Mehrabian）。這是一項針對「當人接收到矛盾的訊息時，會如何面對看待」的研究，研究人員分別對受驗者發出互相矛盾的語言、視覺及聽覺訊息，觀察受驗者會採信哪一種訊息。

結果發現，採信視覺情報的有55%，聽覺情報有38%，語言情報有7%。也就是說，比起語言的意思內容，一般人更相信視覺上及聽覺上的情報。

兩大溝通方法

| 語言溝通 | 非語言溝通 |
| --- | --- |
| 語言的意思內容、言語上的情報 | 視覺→外觀、表情、視線、姿勢、動作、手勢、服裝、儀容<br>聽覺→聲調、聲音強弱、聲音大小 |

　　順帶一提，有些書針對這項實驗，做出了「在人類的溝通當中，非語言的溝通佔了93%」的結論。這種說法其實曲解了實驗的原本意義。事實上，麥拉賓法則不過只是揭示了「非語言溝通的重要性」罷了。

　　「說什麼」，是語言溝通上的問題。至於「怎麼說」，就屬於非語言溝通了。

　　舉例來說，假設各位受邀成為婚禮致詞人，但你卻不知道該說些什麼，為此煩惱不已。事實上，一旦緊張、說話起來結結巴巴，再完美的內容，一切也都是白費。

　　比起內容，更重要的其實是笑容和清晰的表達。然而，大部分的人都只想著「說什麼」，卻完全不在意「怎麼說」。

　　在對他人做傳達的時候，不只是「語言」，「非語言」同樣非常重要。各位只要比過去再多留意一點自己的非語言溝通，相信你的溝通能力肯定會大幅提升。

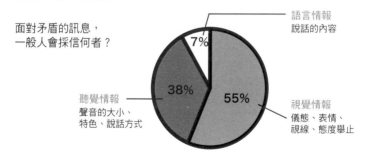

**麥拉賓法則**

面對矛盾的訊息，
一般人會採信何者？

語言情報
說話的內容

7%

聽覺情報
聲音的大小、
特色、說話方式

38%

55%

視覺情報
儀態、表情、
視線、態度舉止

即便對自己所說的內容沒有信心，
也要面帶笑容、落落大方地發言。

# 05 眼神接觸
## Make Eye Contact

### 眼睛是善於表達「想法」和「感情」的器官

使用非語言溝通的方式，可以幫助我們更容易表達想法。然而，說到非語言溝通，總是讓人覺得似乎很難。

事實上，有一種任何人都能輕鬆做到的非語言溝通，那就是看著對方的眼睛說話，也就是「眼神接觸」。

透過眼神接觸，可以更容易瞭解彼此情感的細微之處，使溝通更加深入。對男女感情來說，可以變得親密；對工作上來說，更容易建立緊密的關係。不僅可以加深彼此交流，也有助於提升自己的評價。

透過眼神接觸，還能刺激多巴胺分泌。

比利時天主教魯汶大學曾進行一項研究，讓受驗者分別觀看有眼神接觸的人物圖片，以及沒有眼神接觸的圖片，觀察兩者的腦部活動有何變化。

結果發現，看到有眼神接觸的人物圖片，會激發大腦報償迴路（reward circuit）其中之一的腹側核狀體（ventral striatal）的活動。所謂「報償迴路」，指的就是多巴胺神經傳導途徑（dopaminergic pathway）。

多巴胺是一種「開心」、「快樂」的幸福激素，可以使人提高動力，也有強化記憶的效果。

要想建立良好的人際關係，眼神接觸是非常有用的一個方法。

關於眼神接觸的訣竅，具體如下：

### （1）直視對方兩眼之間的部位

有些人可能不太敢直視對方的眼睛，或者不好意思這麼做。這種時候，只要看著對方雙眉或兩眼之間，或是鼻子附近的部位，避

開直視對方眼睛，就能輕鬆做到眼神接觸了。並不是只有直視對方眼睛，才算是眼神接觸。

## 眼神接觸有助於刺激大腦

〈有眼神接觸〉

釋放多巴胺

開心

快樂

好感度提升⬆

〈沒有眼神接觸〉

……

好感度沒有改變➡

### （2）講到重要的部分時，和對方眼神接觸一秒

根據英國心理學家阿蓋爾（Michael Argyle）的研究，兩人在對話時，看對方的時間，約佔整體時間的30～60%。其中眼神接觸的時間約為10～30%。假使對對方沒有特殊感情，每一次的眼神接觸，時間最長不過一秒就結束了。

除此之外，有些人則可能會覺得，很難和對方對上眼神，或是找不到機會。

這種時候，一開始可以先試著只有在講到重要內容，或是「想傳達的重點」時，確實看著對方的眼睛。感覺就像用眼睛提醒對方要注意聽一樣。

### （3）透過眼神表達「想法」

前述內容曾提到，「眼神就像嘴巴一樣會說話」。你的「想法」和「感情」，都會從眼神中透露。因此，透過眼神接觸，你可以將自己的感情傳達給對方。

舉例來說，你在和客戶在談公事，這時候，只要邊說邊用眼神透露出「這個商品真的非常棒！」，對方就能實際接收到你的想法。

或者像是跟情人說話時，只要邊說邊用眼睛傳達「我喜歡你」的感情，雙方的關係就會更親密。

相反的，「沒興趣」、「這話題好無聊」等念頭，也很容易從眼神中洩露，必須格外謹慎才行。

### （4）傾聽時同樣看著對方

有些人說話時會看著對方，但是在聽對方說話時，卻忘了也要做到眼神接觸。

聽對方說話時看著對方，表示「我對你感興趣」、「聽得津津有味」。這是一種非語言的訊息。除了眼神接觸以外，如果再加上「點頭」的動作，更能展現出正面的訊息。

眼神接觸做得好，溝通會變得更容易深入。一開始可能會覺得很困難，只要慢慢練習就行了。

## 眼神接觸的四個訣竅

### ①直視對方兩眼之間的部位

看著對方雙眉或兩眼之間，或是鼻子附近的部位，就能輕鬆做到眼神接觸。

### ②講到重要的部分時，和對方眼神接觸一秒

> 麻煩你○○○

只有說到「要傳達的重點」時，確實看著對方的眼睛一秒。

### ③透過眼神表達「想法」

> 這個商品非常棒！

> 我很喜歡！

透過眼神傳達想法和感情

### ④傾聽時同樣看著對方

> 表示「我對你感興趣」

再加上「點頭」的動作更好

 先練習「一次一秒」就好。
記得留意對方的眼神。

# 06 表達 2
## Communicate Efficiently

### 委婉而確實的說話術——「緩衝說法」

指責下屬的不是,或是向主管報告缺失等,類似這種傳達「壞消息」的情況,對每個人來說,都是百般不願意的事情。

在告知對方壞消息的時候,有個方法可以盡量降低給對方帶來衝擊,那就是「緩衝說法」。

### 【錯誤說法】No But說法

在介紹緩衝說法之前,我想先聊聊錯誤的說法,那就是「No But說法」。「No But說法」通常都是先提出「壞消息」,接著再跟隨著「正面的內容」。

例如:「最近常遲到喔。好不容易業績有點起色了,這樣不是功虧一簣了嗎。」

---

**No But 話法**

①最近常遲到喔

②好不容易業績有起色了

帶來負面感受

---

一開始就直接先說出「壞消息」，會讓對方在心理上受到打擊，導致接下來根本無心聽你說話。之後不管再說什麼，對方完全都聽不進去。這是一種只會給對方帶來強烈負面印象、使人陷入沮喪的說法。很多主管應該都是用這種方式對待下屬的。

### 【緩衝說法】1. Yes But說法

最好的作法是，不直接提出「壞消息」，而是帶入緩衝說法，減少衝擊。緩衝說法最具代表性的例子，就是「Yes But說法」。

例如：「最近銷售業績有進步，做得很好喔。不過，遲到的狀況有點嚴重呢。記得要遵守時間喔。」

先提出正面情報，例如對方有做到的事情、優點、成績等。先營造正面的氛圍，接著再提出「壞消息」。這種說法只是將「No But說法」的先後順序顛倒，不過卻能大幅降低給對方帶來的心理衝擊。

## Yes But 話法

①業績有進步喔

②只是要多注意遲到的情況

對方受到的心理衝擊較小

## 【緩衝說法】2. Yes And說法

更委婉一點的說法，還有另一種叫做「Yes And說法」，就是在「正面情報」之後，更進一步再提出「正面情報」。

例如：「最近銷售業績有進步，做得很好喔。如果可以再做到遵守時間，就更完美了。」

加上「希望」、「如果可以……就好了」的說法，而不是提出責難或缺失，聽起來會更溫和。

## 【緩衝說法】3. Yes How說法

如果想再說得更委婉，可以使用「Yes How說法」。

例如：「最近銷售業績有進步，做得很好喔。我們一起來想想，怎麼做可以變得更好。」

不直接提出「壞消息」，而是以疑問句的方式，激發對方的反思，讓對方自己說出「減少遲到的狀況，嚴守時間規定」的答案。

**Yes And 話法**

①業績有進步喔

And
②如果不要遲到就更好了！

〔正面情報〕

以「可以做到就更好了」的說法
更委婉地傳達，藉此打開對方的心

人要改變行為，必須先要有「自覺」。如果直接向對方提出「壞消息」或做不好的地方、缺點等，有時候會造成對方產生否認的情緒，例如「我又沒有經常遲到」等，反而很難坦然接受主管的意見。

「Yes How說法」這種目的在喚醒對方自覺的作法，可以說是促使對方改正行為最有效的方法。

看到這裡，各位或許會覺得很難。事實上，只要避免使用直接說出壞消息的「No But說法」，對方聽起來感受就會差很多。

並不是任何話都直接說出口，就叫做輸出。偶爾穿插一點變化球給對方，也是很重要的。

**Yes How 話法**

① 業績有進步喔

How 怎麼做可以更好？

〔疑問句方式〕

喚醒對方的自覺，藉此改正行為

 先提出「好的部分」，使對方放下戒心。

# 07 打招呼
### Greet People

## 打招呼是告訴對方「我接受你」

我自己也有過這種經驗,在大樓裡主動先向鄰居打招呼,對方卻毫無反應。

打招呼是溝通的第一步。先有打招呼,然後開始閒聊,接著才會愈聊愈深入。愈是經常打招呼問好,彼此的關係也會更緊密。打招呼是一種心理訊號,代表「我願意和你交流」。相反的,不打招呼通常會被視為負面訊號,表示「我不想跟你有所往來」。

心理學上將「承認對方存在的好意」稱為「撫慰」,也就是「stroke」。而「打招呼」就是正面撫慰的最佳表現。

換言之,單單一個打招呼的舉動,就能讓對方感覺「被接受」、「被承認」。就像心理學家艾瑞克・伯恩(Eric Berne)曾說過的:「每個人生來都希望獲得撫慰。」

### 打招呼有助於增加彼此的親密關係

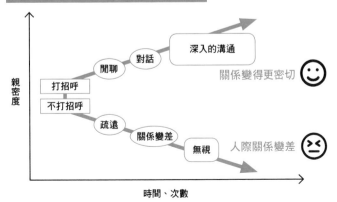

網球中也經常會用到「stroke」這個單字，指「擊球」的意思。而互相打招呼就是彼此互相給予「stroke」（撫慰），因此稱為「往來」。也就是說，在心理學上，打招呼是「人際往來」的基礎。

打招呼的好處非常多，包括「開啟彼此的溝通」、「開啟熱烈愉快的談話」、「透過接受對方，促使對方有所成長」、「扭轉自己在對方心中的印象」、「讓工作氣氛變得更好」、「建立自己有教養的形象」等。

打招呼的時候，要注意非語言的溝通表現。如果板著一張臉、無精打采地向人問好，只會讓氣氛變得更糟糕。

所以，記得要面帶笑容，看著對方的眼睛，用充滿朝氣的聲音問好，如此才能發揮打招呼的最佳效果。

**打招呼的訣竅**

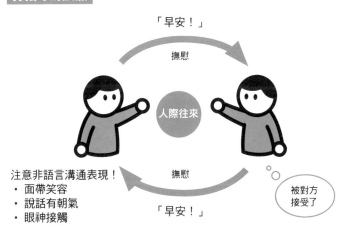

「早安！」

撫慰

人際往來

注意非語言溝通表現！
- 面帶笑容
- 說話有朝氣
- 眼神接觸

撫慰

「早安！」

被對方接受了

明天，就用笑容主動向第一個見到的人問好吧！

# 08 閒聊
## Chat with People

### 比起「長篇大論」，「不時聊個幾句」效果更好

和同事、朋友、情人、家人等溝通時，「閒聊」是非常重要的一環。這一點我相信很多人應該都知道。

不過，應該也有很多人，即便想透過「閒聊」加強人際關係，但是卻「不知道該聊什麼」，或是「不懂得怎麼閒聊」。

如果瞭解心理學上的「單純曝光效應」（mere exposure effect），就會知道比起閒聊的內容，次數才是最重要的關鍵。

美國心理學家札瓊克（Robert Zajonc）曾進行一項實驗。他將十張人物照片拿給受驗者看，每一張照片展現的次數不同，分別為一次、兩次、五次、十次、二十五次等。看完照片後，再請受驗者為每張照片的好感度做評分。結果發現，受驗者對於看過愈多次的照片人物，愈有好感。

也就是說，接觸次數愈多，人的好感度也會愈高。這就稱為「單純曝光效應」。

**曝光次數和好感度的關係**

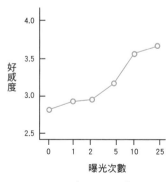

（Zaionc, 1968）

相信很多人在面對閒聊的溝通場合時，都會一直想著「該聊什麼才好？」，結果導致緊張得說不出話來。

不過事實上，溝通時比起內容，更重要的是次數。因此，各位不妨拋開「非得找個有趣的話題才行」的企圖心，告訴自己「先開口再說」、「什麼都好，先隨便聊聊再說。」

　　對於忙碌的上班族而言，有些人或許會以為，只要每個月和家人出遊一次，家人之間的溝通就沒問題了。事實上，與其「每個月全家出遊一次」，不如「每天花五分鐘和家人聊聊天」，彼此之間的溝通會變得更深入。

**錯誤範例**

**正確範例**

 最重要的是先開口！
找不到話題，聊天氣也可以。

# 09 提問 1
## Ask Yourself

### 開始前的提問，決定學習的方向

「提問」是最簡單、且效果最好的一種輸出方法。雖然「向人提問」也行，但光是「向自己提問」，就能大大地刺激大腦活動，去尋找更多必要的情報。

在一項記憶非洲首都的研究中，將受驗者分為事先接受五選一問題測驗的組別，以及傳統背誦方式的組別。等到隔天再測驗受驗者記得多少，結果發現「事先接受過測驗」的組別，有多達10～20%的人取得高分。

大家都知道，測驗和解題有助於提升學習和記憶。但是，對於還沒有學過的事物，只要在學習之前先提問，也能大幅提升記憶的效率。

在我的講座，正式開始之前，一定會先請參加者填寫一份簡單的問卷。例如，如果講座的主題是「培養輸出力」，就會請所有參加者先回答「輸出最讓你感到困擾的部分是什麼？」「透過今天的講座，你最希望得到什麼收穫？」等問題。

如此一來，參加者就能藉著問自己「我最想知道什麼？」，在接下來的講座中，留意相關的內容。一旦聽到相關內容，就會提高注意力專心聽。

事前測驗的效果

|  |  |  | 隔天 |  |
|---|---|---|---|---|
| 事前測驗組 | 事前測驗 ＋ 默背 | ➡ | 測驗 | 10～20% 獲得高分 |
| 默背組 | 默背 | ➡ | 測驗 |  |

（Roediger III , 2006）

心理學上有個叫做「雞尾酒會效應」（cocktail party effect）的現象。假設在一個一百多人的派對會場上，大家熱絡交談，氣氛相當熱鬧。這時候，當聽到有人叫你的名字，即便四周喧譁不止，你也會馬上反應過來，知道有人叫你。

像這樣在喧譁吵雜當中，還是可以很自然地聽見自己的名字或感興趣的關鍵字，這種現象就叫做「雞尾酒會效應」。

大腦有所謂的「選擇性注意」。這就像大腦的Google搜尋引擎一樣，只要是先輸入單字，大腦就會從周遭龐大的情報當中，根據「選擇性注意」，挑出你要的訊息。啟動這項「選擇性注意」功能的關鍵，也就是事先輸入單字，指的正是「提問」。

善用大腦的「選擇性注意」，可以讓學習效率變得更好。例如閱讀商管書之前，不妨先在紙上對自己提出問題，例如「我想從這本書學到什麼？」等。

各位為什麼會挑中這本和輸出相關的書購買？我想原因應該很多，例如「輸出花費很多時間，所以想知道如何有效率地輸出」，或是「想提高自己的寫作能力」等。

透過向自己提問，並且把問題寫下來，促使「選擇性注意」開始啟動。這時候，大腦就會努力從中去尋找答案。最後，你就能確實吸收到想學的內容，而且記得更清楚。

只要在開始念書之前，簡單花個十秒鐘的時間，問自己「想學什麼」，對學習效率來說，就能達到大幅提升的效果。

透過問自己「想學什麼」，
把學習目的安裝至大腦中。

# 10 提問 2
## Ask Others

### 加深討論深度的「適當提問」

「各位有什麼問題嗎？」

在我的講座上，最後一定都會有提問時間，讓參加者發問。如果發問的人十分踴躍，我會非常開心。如果完全沒有人舉手，我就會很沮喪。

發問是為了「解決自己的疑惑」，也就是說，一般人發問都是「為了自己」。不過，人「被問問題」都會很開心。換言之，發問是一種會讓人開心的舉動。這時候，發問也是「為了對方」。

舉例來說，在公司的會議上，當主持人問大家「各位有什麼問題嗎？」時，如果沒有人發問，會議就會往下進行，無法有深入的討論。適當的提問，不僅可以使討論更活絡，也會更有深度。以結果來說，「適當的提問」，無論是對出席會議的人或公司，都能帶來非常多好處。

提問也是溝通時的潤滑劑，藉由「適當的提問」，彼此會更加瞭解，人際關係變得更緊密。

甚至，透過「適當的提問」，也能提高自己在他人心中的評價，例如「這個人事先有準備喔」、「很積極參與討論喔」等。這麼看來，「提問」的好處真的太多了。所以，下次當有人問「各位有什麼問題嗎？」，你就應該搶先舉手才對！

提出適當問題有幾個方法如下：

### （1）邊聽內容邊想問題

有時候聽到「各位有什麼問題嗎？」，會因為一時緊張，結果就問出奇怪的問題。為了避免這種情況，平時就要養成邊聽邊想的習慣。無論是出席會議或參加講座，一定要事先做好準備，隨時被

點到都能提出三個問題。抱著問題聽講，也會讓自己聽得更仔細。

## （2）問對方樂於聽到的問題

針對對方「有提到」或「說明得不夠詳細的部分」提問，對方會非常開心，也會感謝你的問題。

## （3）問其他參加者也想瞭解的問題

有時候在會議進行中，參加者會產生同樣的疑惑。這時候，自己可以代表發問。如果正好問到其他參加者也想瞭解的問題，大家都會非常感謝你。

## （4）問能夠使討論更具深度的問題

會議上提出的問題，要不就是「促使討論更深入」，要不就是「偏離討論的主題」。提問時若是能夠順應主題、提出進一步深入的問題，討論會變得更有深度，大家也能有更進一步的瞭解。這時候，無論是主講者或底下的參加者，都會感激你的提問。

### 提出適當問題的方法

②問對方樂於聽到的問題

問得好

①邊聽內容邊想問題

我有問題！

就問這個吧

問得有深度喔

④問能夠使討論更具深度的問題

我也想知道！

③問其他參加者也想瞭解的問題

聽講時，
把自己當成厲害的採訪記者。

# 11 請託
## Make a Request

比起「give and take」，不如抱著「give and give」的態度

懂得如何用讓人馬上願意接受、不會引起反感的方式，向人「拜託」、「請託」，做起事來會輕鬆許多。事實上，真的有這種聽起來不可思議的方法。

心理學上有一種叫做「互惠原理」的法則。這是一種一旦受人好意，就會想「回報」的心理。

例如情人節如果收到巧克力，就會覺得「自己也應該回送對方」。這就是互惠原理。或者像是在百貨地下街試吃之後，就會覺得「一定要買」，也是這個道理。

基於這種原理，當你有事拜託他人時，不要只是單方面的請託，應該先主動為對方做點什麼。也就是展現付出的態度。

例如平時「親切」以待，對方就會產生「也想回報你」的念頭。這時候再提出拜託，對方一定會樂意接受。

**互惠原理**

受到他人的親切對待，自己會想用同樣方式對待對方

這種時候要注意的是，不要抱著「give and take」的心態，而是應該用「give and give」的態度去對待。

如果一開始就期待「回報」，遲早會被看透。因為愈是期待「回報」，「回報」愈是不會發生。

用「give and give」的態度待人，當你有困難時，大家一定都會願意伸出援手、提供協助。

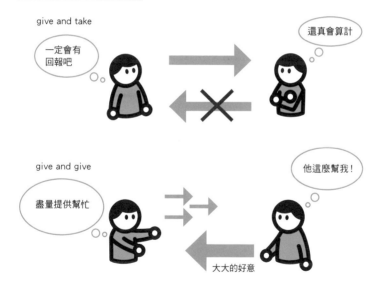

**give and give 的態度**

give and take

一定會有回報吧

還真會算計

give and give

盡量提供幫忙

他這麼幫我！

大大的好意

讓自己成為一個「讓人無法拒絕幫忙」的人吧。

# 12 拒絕 1
## Decline

## 把時間優先留給「真正想做的事」

「因為不想讓對方難過，所以很難拒絕他人」、「與其拒絕，最後還是接受了」。很多人應該都是這樣吧。

日本人真的很不擅長拒絕他人。不過，如果不確實「婉拒」，你的寶貴時間只會不斷地被「加班」、「假日加班」、「完全不想去的聚餐」等一步步吞噬。

有人或許會擔心，「萬一拒絕主管的加班要求，會影響自己將來的升遷」。不過，難道公司裡那些像工具人一樣、總是接受「上司拜託」的人，真的都有獲得升遷的機會嗎？想必都是「會做事的人」才能獲得升遷吧。

「不懂拒絕的人」，會愈來愈沒有體力和時間做自己真正想做的事。甚至就連休息和睡眠、家庭時間等，也會被剝奪。

換言之，「不懂拒絕的人」，肯定會走向「不幸福的人生」。忙到喘不過氣來，直到連睡覺時間都沒有，甚至危害到健康，才瞭解「拒絕」的重要性。既然如何，應該一開始就直接拒絕才對。

很多自由工作者都會擔心，萬一這一次拒絕，工作就會愈來愈少，接不到下一個工作。不過事實上，有個法則是「拒絕愈多，工作會跟著愈來愈多」。

因為「工作多到接不下來」，就是「受歡迎」的最好證明。

這種心理狀態就像打電話到人氣餐廳訂位，發現預約已經排到三個月後，這時候會讓人更想嘗試，因為覺得「既然這麼多人訂位，表示一定很好吃」。所以，只要確實「婉拒」，工作肯定會一個接一個找上門。

　　「拒絕」不會帶來什麼壞處，只要試過就會知道，「拒絕」反而可以讓自己得到許多好處。

| 「不懂拒絕」的後果 | 「拒絕」的好處 |
|---|---|
| ・自己的寶貴時間永遠都被剝奪<br>・睡眠、休息時間愈來愈少，人變得愈來愈憔悴<br>・被當成只要拜託、什麼都會去做的「工具人」<br>・愈來愈多「不想做的工作」找上門<br>・壓力愈來愈大<br>・拚命「加班」和「假日加班」，結果還是沒有獲得升遷 | ・自己的寶貴時間愈來愈多<br>・可以集中精神和時間在應該做的事情上<br>・給人意志堅定的印象<br>・愈來愈多「有興趣的工作」找上門<br>・不會再有「不好意思拒絕」的罪惡感<br>・心情輕鬆<br>・沒有壓力<br>・可以把時間花在自己身上，在固定時間內，確實完成工作 |

懂得拒絕的人

| 自己的時間 | 工作 |
|---|---|

嚴守 →

不懂拒絕的人

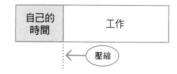

| 自己的時間 | 工作 |
|---|---|

← 壓縮

 加班和聚會無關評價。
不喜歡就該斷然拒絕。

# 13 拒絕 2
Decline

## 以「優先順序」為唯一標準，當下就做出決定

想聰明地婉拒對方，該怎麼做呢？

答案是先決定自己人生的「優先順序」。重視「家人」的人，可以給自己訂下「週末是家庭時間」的原則。當主管問你「突然有一個非常緊急的工作，星期天能不能麻煩來加班？」，這時候也只能斷然拒絕，告訴對方「真的很抱歉，週末是我的家庭時間」。

以我來說，我每年會替自己訂下十二個「年度目標」。面對一些沒有興趣的工作邀約，我就會問自己「這和我的年度目標相關嗎？」。如果不符合我的年度目標，當下立刻就會拒絕。即便是鐘點費相當高的演講工作也是。

「接下和年度目標無關的工作」，等於花時間在「無關緊要的工作」上。也就是說，對於實現年度目標來說，只會帶來負面影響。

另外，拒絕時一定要「毫不猶豫」。如果表現出「呃，這個嘛……」的猶豫態度，只會被對方抓住弱點，強迫接受。因為猶豫不決等於是透過非語言的方式，告訴對方「我沒有明確的理由拒絕」。所以，一定要毫不猶豫地立刻拒絕，展現自己堅定的意志和態度。

「依照情況判斷」的作法也不是很好。「拒絕」的判斷標準，一定要依照「優先順序」，永遠用同一個標準來決定。千萬不能誤信「只有這次特別拜託了！」的說法。一旦上當，「只有這次」就會一直發生。

此外，依照情況判斷，也會給自己帶來麻煩，例如「A的拜託你就接受，為什麼我拜託你就不幫忙」等。只要永遠用同一個標準公平判斷，應該就不會給自己帶來多大的麻煩。

　　不過，對一般人來說，還是會覺得「拒絕會容易產生摩擦，實在很難」。這時候，只要套用「拒絕公式」，就能避免衝突地聰明拒絕對方了。

　　拒絕公式指的是「道歉（感謝）＋理由＋拒絕＋替代方法」。

　　舉例來說，假設被主管要求加班，這時候可以這麼說：「很抱歉（道歉），同時也很感謝主管如此肯定我的能力（感謝）。不過，今天我得接送孩子去補習班（理由），所以沒辦法留下來加班（拒絕）。不過我應該可以在明天中午之前完成，這樣可以嗎（替代方法）。」

　　一開始先穿插道歉的緩衝說法，然後提出理由，盡量將「拒絕」的「結論」放到最後再說。這樣應該就沒問題了。

　　同樣是拒絕，善用「拒絕公式」，就能展現有誠意的拒絕。

### 拒絕的技巧

**1　事先決定「優先順序」**

最重視的是什麼？
一旦決定「家庭＞加班」，就必須嚴守原則

**2　毫不猶豫地拒絕**

一旦「猶豫」，只會讓對方覺得你的態度不夠明確

**3　不要依照情況改變標準**

公平地拒絕，才不會給自己帶來麻煩

**4　拒絕公式**

依照「道歉（感謝）＋理由＋拒絕＋替代方法」的順序展現誠意

與其配合對方，
最好以自己的原則為優先。

# 14 簡報
## Present

## 化緊張為助力，提升工作能力

不擅長上台簡報的人，大多是因為「容易緊張」。根據一項調查顯示，「容易緊張」的人，大約佔全日本人口的88%。

換句話說，只要能夠控制緊張的情緒，上台簡報就會變得容易許多。如此一來，肯定也會變得更厲害。

「容易緊張」的人，只要一緊張，就會不知所措，因此厭惡緊張的情緒。

相反的，頂尖運動員或專業運動選手經常會說自己「樂在緊張的情緒當中」。究竟緊張是敵是友，關於這方面的討論，早在一百年前就已經有了定論。

根據心理學家葉克斯（Robert Yerkes）和杜德森（John Dodson）於一九〇八年的研究，他們訓練老鼠分辨黑白兩種顏色，老鼠只要分辨錯誤，就會遭受電擊，藉此激發學習。

結果發現，適度地以電擊刺激，老鼠會以最快的速度學會分辨。相反的，電擊太弱或太強，老鼠的學習能力都會呈現降低的現象。

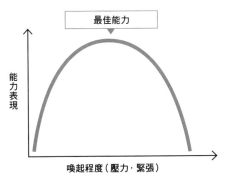

杜葉二氏法則（Yerkes-Dodson Law）

處罰或壓力、緊張等負面因素最好占一定比例，可以使能力提升。當壓力太大或太輕，都會造成能力降低。

也就是說，某種程度的「緊張」，對工作能力來說，具有提升的作用。這也意味著緊張並不是敵人，而是戰友。因為在適度的緊張狀態下，大腦會分泌一種叫做正腎上腺素（noradrenaline）的物質。這種物質可以有效提升專注力和判斷力，大大地提升大腦的能力發揮。

以後，如果感到緊張，可以試著告訴自己「自己能力正在發揮」。這麼一來，就可以在適度的緊張狀態下，胸有成竹地以最好的表現完成簡報。

關於控制緊張情緒的具體方法，各位可以參考我的另一本著作《適度緊張能提升兩倍能力》（暫譯，原書名為《いい緊張は能力を2倍にする》）。這是一本控制緊張的百科，提供了三十三個和緊張情緒的方法。

## 化緊張為助力

✕ 怎麼辦……

○ 能力漸漸發揮了！

分泌正腎上腺素

負面想法

・專注力提升↑
・判斷力提升↑
・能力表現提升↑

切記，適度的緊張，
就是喚醒最佳能力的原動力。

# 15 討論
### Discuss

## 重要的是謹慎的事前準備，以及少許的勇氣

多數的日本人都不擅長討論。這一點美國人倒是很厲害，因為他們從小學就有「討論」的相關課程，從小就開始鍛鍊討論能力，以及表述自我意見的能力。日本人其實也辦得到，只要透過練習就行了。

以下就為各位介紹加強討論能力的方法。

### （1）練習討論

沒有人生來就善於討論，討論能力的好壞，取決於「經驗的多寡」。也就是說，只要透過練習，任何人都能成為討論高手。

不過，如果是針對「公司方針」等攸關自己利害關係的問題激烈議論，有時會造成情緒上的疙瘩。

因此，一開始可以先從和工作完全無關的話題來練習。

### 透過輕鬆的話題練習討論

#### 先累積討論經驗

話題

書本、電影、電視節目、美食、熱門運動等，任何主題都可以。

例如，建議各位可以從「書本」、「電影」、「電視節目」等為題材，多加深入討論。這也是一種輸出，可以加深理解，達到開心討論的練習目的。

### （2）切割討論和感情

前面提到，激烈的討論，可能會造成雙方情緒上的疙瘩。事實上，這本來就不是一種正確的討論方法。

舉例來說，假設大家針對公司方針激烈討論。既然彼此都是基於「為公司著想」的共同目的而討論，最後卻產生敵意，這怎麼看都是一件奇怪的事。

「討論」應該要和「感情」做切割，這同樣需要訓練。必須要做到激烈討論之後，彼此還能笑著互相打氣加油才行。這也需要練習和經驗的累積，不過，最重要的是隨時提醒自己「別把討論和感情混為一談」。

**切割討論和感情**

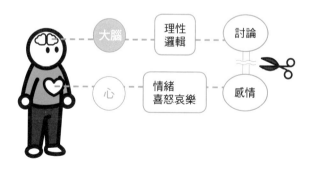

| | | |
|---|---|---|
| 大腦 | 理性 邏輯 | 討論 |
| 心 | 情緒 喜怒哀樂 | 感情 |

### （3）事先推演流程

會議上突然有新議題提出，隨即立刻開始進行討論，讓人措手不及……我想應該不會有這種情況發生才對。關於會議議題或議案、資料等，一般應該都是事前就先發下了。也就是說，一般大多會在事先就知道「要討論什麼」。因此，這時候就能推演會議的進行，預想可能出現的「論點」和「問題」，事先想好對策。

有一點很不可思議的是，愈是不擅長討論的人，幾乎從來不做事前準備。善於討論的人，大多會事先準備好資料和數據。也就是說，比起「擅長討論」或「很會說話」，事前做了多少準備，才是影響結果的最大關鍵。

既然如此，各位只要先推演議會流程，事先充分準備好可以徹底對抗的武器、資料和數據就行了。

### （4）擬定假設問答

我很推薦各位先擬定「假設問答」或「Q&A集」。也就是針對會議上可能會出現的問題，事先整理成文章。這麼一來，就算被問到，也能馬上做出適當的回答。

那麼，關於「假設問答」要準備幾題，各位可以參考所謂的「10—30—100法則」。這是我從數百場演講和講座的問答、討論當中，歸納出來的一套經驗法則，意思指的是差不多10個問題可以應付70%的狀況、30個問題可以應付90%的狀況、100個問題可以應付99%的狀況。

一個議題不可能衍生出無限個問題。各位可以試著自己寫下問題，我想應該差不多能寫出10個問題。只要針對這些問題，事先準備好自己的答案就行了，這樣就能應付70%的狀況了。

如果還擔心「剩下的30%」，不妨可以準備30個問題。有了這30個假設問答，應該就能應付90%以上的狀況了。

擔心「剩下的10%」的人，就準備100個問題。不過一般來說，差不多準備30題左右就夠了。

### （5）搶先提出意見

要想鍛鍊出厲害的討論能力，需要花上一段時間。難道沒有更簡單、更快速的方法嗎？

其實有個非常簡單、而且效果非常好的方法。

那就是第一個提出意見。只要這麼做就行了。心理學實驗發現，會議流程會受「最先提出的意見」很大的影響，以結論來看，很多都是「最先提出的意見」。的確，就算是電視節目《討論到天亮》（譯註：日本朝日電視台的深夜政論節目），也是最先提出意見的人最有力。

換言之，只要在一開始迅速提出自己的意見，就能讓討論朝對自己有利的方向前進。這是非常有用的一個心理技巧。

---

**最先提出的發言最具影響力**

我贊成！因為……

・直截了當地
・大聲地
・清楚地

〈第一個發言者〉

影響 →

很難提出
反對……

〈接下來的發言者〉

---

針對最近讀過的書，
和身邊的人練習討論吧。

# 16 請教
### Consult

## 把心情說出來，心裡就輕鬆許多

日本人也非常不擅長「請教」。甚至根本就不想請教，因為一般都認為「請教」是一件「丟臉」的事。

所以，無論再怎麼痛苦難過，也只會忍耐。直到真的忍耐不了、無法處理的時候，才會開口請教。因此很多時候，情況都已經變得相當棘手，包括無法處理，甚至是太遲了。

身為精神科醫生，我看過非常多「只要提早兩個月來求診，情況就不會變得如此嚴重」的例子。問患者為什麼不早點就醫，幾乎都會得到同樣的答案：「就算說出來也解決不了問題。現實狀況還是一樣，不會有什麼改變。」

確實，假設是在黑心企業工作，經常加班，壓力過大⋯⋯除非辭職，否則還是無法擺脫壓力。不過，這只是一般人的想法，以心理學來說，完全不是如此。

有一個實驗，對兩隻分別放在不同箱子裡的老鼠給予輕微的電擊。在其中一個箱子裡，設有停止電擊的踏板，只要踩下踏板，兩個箱子的電擊就會同時停止。因此，兩隻老鼠受到電擊的頻率和次數都是一樣的。

經過幾次電擊之後，在裝有踏板的箱子的老鼠，會開始學習停止電擊的方法。各位覺得，可以透過踏板自己控制電擊的老鼠，和什麼都不能做、只是感到害怕的老鼠，哪一隻會受到壓力的影響呢？

實驗結果發現，雖然兩隻老鼠受電擊的次數完全一樣，但什麼都不能做的老鼠，最後因為壓力產生潰瘍、體力迅速衰退等，受到

較大的壓力影響。換言之，雖然承受相同的壓力，但只要知道「自己有能力控制」，就不會受到壓力的影響。

透過請教他人，可以獲得解決辦法。甚至，藉由依序表達，大腦也會對事情有更清楚的理解，進而想出解決辦法或方向。也就是說，只要覺得「自己似乎有能力控制」，就能大幅減少心裡的不安和壓力。這就是為什麼心理學主張「請教」或「心理諮商」有其效用的理由。

實際上，一臉憂鬱前來求診的患者，透過短短三十分鐘的傾訴，縱使現實狀況沒有任何改變，但很多人最後心情都變得相當輕鬆，可以帶著笑容離開。

「聊了也無法改變什麼」，這種想法完全錯誤。事實上，光是做到「請教」，就能排解心中的不安和壓力。

### 藉由可控制感消除壓力

**兩隻老鼠所受的電擊頻率、次數完全相同**

可控制組
原來可以自己控制！
OFF
設有停止踏板
→老鼠活力不減

不能控制組
自己什麼都不能做
沒有停止踏板
→老鼠產生潰瘍、憔悴、衰弱

（Selingman, 1967）

有煩惱的時候，
在一切還來得及的時候，找個人傾吐吧。

# 17 建立關係
## Connect

### 和「有深度關係」的十五個人建立緊密關係

每次當我建議患者,一旦有煩惱,可以盡早找人傾吐時,經常會得到這樣的回答:「我沒有可以傾吐的對象。如果有的話,早就說了。」

平時沒什麼交談的人,自然不可能突然向對方尋求人生關鍵的決定。傾訴煩惱的對象,必須要是平時就有往來關係的人,不會是突然間出現的人。

既然如此,我們該跟誰建立何種關係,加深彼此之間的緊密呢?

根據社會學的研究,將人類的關係分為八種不同的形式。這些關係呈現同心圓的狀態,愈接近圓心,關係「愈緊密」,人數則愈少。

包括「親友」、「傾訴對象」、「心理諮商師」在內,都是「關係緊密」的人,人數最多不超過十人。「親友」只有幾人,包括「傾訴對象」在內,最多也只有五人。

現代人或許在社群網站上認識了許多人,經常互相傳送訊息或按讚。不過,就心理學上或社會學上來說,同時和十五人以上建立「緊密關係」,根本是不可能的事。

在LINE和Facebook上認識的人,在你真正遭遇煩惱時,會願意聽你傾訴嗎?事實上,這些人大部分都無法作為你的「傾訴對象」。

對我來說,「親友」最多三人就夠了。包括從以前到現在的親友、工作上的親友、志同道合的親友等,只要各自有一人,就能在遇到困擾的時候,找到傾吐的對象。

在你遇到煩惱時,可以在你身邊聽你傾吐、提供協助的人,就

是親友。就算認識再多人，遇到困難的時候，沒有一個派得上用場，大家都只是「玩樂的朋友」而已。

花費自己的寶貴時間去遷就「關係淡薄」的人，只是在浪費時間、浪費生命罷了。大部分的人都認識太多人了。

我經常提醒自己，與其和一百個人分別見面，不如和十個「關係緊密」的人見十次面。不僅如此，我也會優先重視和稱得上是「親友」、「關係十分緊密」的人相處的時間。也就是說，我會盡量減少把時間浪費在「關係淡薄」的人身上，以和「關係緊密」的數人建立深厚關係為最優先。

## 人類關係的八種形式

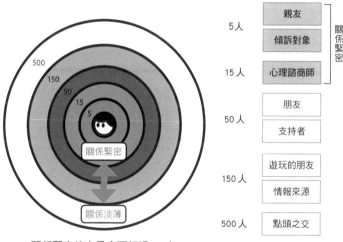

關係緊密的人最多不超過 15 人

參考／《小圈子・大社交》（原書名《Grouped: How Small Groups of Friends are the Key to Influence on the Social Web》，Paul Adams著）

朋友不需要太多，
親友最多3人就夠了。

# 18 讚美 1
## Compliment People

### 「讚美使人成長」一點也沒錯

很多人都不擅長「讚美他人」，或者，有些人會擔心「對下屬太過於讚美，難道不會讓他變得自以為是嗎？」。事實上，「讚美」的行為本身並沒有錯，這些都只是因為用錯「讚美方法」罷了。

有些人會懷疑，不曉得「讚美」是否也算是一種輸出。「讚美」不僅是輸出，同時也會是一種「反饋」。不擅長「讚美」的人，不妨可以將它視為「反饋」來練習。

假設你的下屬做了某個行為。在還沒有明確的結果產生之前，當事人都無法判斷自己的行為究竟是好是壞。

因此這時候，身為主管的你，假使下屬的行為正確，就要給予「讚美」；如果不正確，就應該做出「斥責」。如此一來，下屬才有辦法學習判斷自己的行為是否「適當」。

對於「適當」的行為，下屬會繼續不斷實踐，一次做得比一次更好。至於「不適當」的行為，會查明原因，找出對策，避免自己再犯。

也就是說，透過「讚美」和「斥責」，可以喚醒對方的「自覺」，促使對方「自我成長」。

你所做出的讚美和斥責，都會成為下屬行為的反饋，促使「好的行為」不斷發生，對公司而言，也會帶來利益。

沒有任何讚美或斥責，等於沒有做到反饋。這麼一來，「輸入、輸出、反饋」的循環便無法順利運作，下屬自然不會進步。

很多主管都會要下屬「你自己想想該怎麼做！」。凡事都讓下屬自己思考，會導致不斷陷入停止思考的狀態。某種程度的指示或引導方向（＝反饋），反而可以加速下屬的成長。

除此之外，「受到讚美」會刺激大腦分泌多巴胺，感到「開心」，同時激發「再繼續努力！」的動力。

由此可知，要想引導對方邁向進步，「讚美」是不可或缺的重要因素。

## 「讚美」和「斥責」是一種回饋的行為

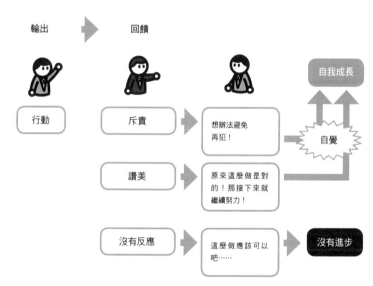

輸出　　　　　　　　回饋

行動

斥責 ➡ 想辦法避免再犯！

讚美 ➡ 原來這麼做是對的！那接下來就繼續努力！

沒有反應 ➡ 這麼做應該可以吧…… ➡ 沒有進步

自我成長

自覺

讚美＝反饋。
對於好的行為，就慷慨地給予讚美吧。

# 19 讚美 2
## Compliment People

**不會造成對方得意忘形的有效「讚美法」**

看完上一節的說明，相信各位應該已經瞭解「讚美」的重要性。不過，關於真的要讚美，想必還是有很多人不知道該怎麼做。或者，有時候用錯「讚美方法」，也會造成下屬產生誤解。

以下介紹四種使對方自我成長的「讚美方法」。

### （1）針對「希望對方做得更好的行為」讚美

當行為受到讚美時，會變得更有自信，產生「再做一次」的心理。所以，你要讚美的應該是「希望對方做得更好的行為」，而不是「結果」。

### （2）用具體的方式讚美

假設下屬成功拿到一份一億圓的合約。如果只是針對結果誇獎下屬「做得好！」，這並不是好的讚美方法。比較好的說法應該是「今天之所以能拿到這份合約，全是因為你一直不放棄，不斷努力修改、調整企劃內容，盡量達到客戶的需求。你這種不屈不撓、意志堅定的態度，十分值得給予肯定」。像這樣針對希望對方做得更好的「具體行為」，盡量鉅細靡遺地給予讚美，也會促使對方產生「下一次這部分要做得更好！」念頭。

如果只是讚美「做得好！」，根本無法喚醒當事人的自覺，不知道自己哪裡做對了。長久下來，只會讓對方愈來愈覺得「我很厲害！同期當中我能力最好！」。

### （3）滿足對方希望獲得肯定的期待

心理學上有個相當知名的「需求層次理論」（Maslow's hierarchy of needs）。理論指出，希望獲得承認、獲得肯定的「承

認需求」，是人的所有需求當中，屬於較高層次的一種。

因此，可以滿足對方「承認需求」的讚美方法，就能有效大幅提升對方的動力。

例如「社長對你這次簽下這筆大訂單也很滿意喔」、「這次的訂單對公司來說，是一大貢獻！」像這樣強調對他人或組織的貢獻，會強化對方的承認需求。另一方面，金錢上的需求或物質上的需求，會有習慣的問題。對於金錢上的肯定，人很快地就會視為理所當然，下次若沒有獲得更多，就沒辦法滿足。

承認需求就沒有這方面的問題，換言之，滿足對方承認需求的「讚美方法」，不管說幾次，都能得到效果。

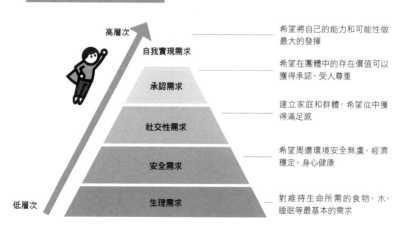

**需求層次理論**

高層次

自我實現需求 ——— 希望將自己的能力和可能性做最大的發揮

承認需求 ——— 希望在團體中的存在價值可以獲得承認、受人尊重

社交性需求 ——— 建立家庭和群體，希望從中獲得滿足感

安全需求 ——— 希望周遭環境安全無虞、經濟穩定、身心健康

生理需求 ——— 對維持生命所需的食物、水、睡眠等最基本的需求

低層次

**人類的需求會一步步朝高層次邁進**

參考／《動機與人格》（原書名《Motivation and Personality》，Abraham Maslow著）

## （4）透過文字讚美

　　一般大部分的情況，幾乎都是口頭上的讚美。事實上，透過書信等文字上的讚美，效果會更好。因為文字可以保留下來，之後可以不斷反覆瀏覽。每一次再回頭看，都能發揮「讚美」的效果。

　　透過讚美達到培育目的「讚育」，目前在世界各地廣為流傳。致力推廣「讚育」的「讚育財團」代表理事原邦雄先生，正巧就是我的朋友。他會把對下屬和員工的讚美，寫在一張叫做「讚美表」的清單上，然後交給對方。這是因為文字上的讚美所得到的效果，是只有口頭讚美的好幾倍。

　　例如讚美下屬「昨天的企劃書寫得很好喔，部長也很肯定」，當面說的效果有限，但如果透過e-mail表示，肯定會讓下屬產生更大的動力。

　　透過「讚美／受到讚美」，人際關係會變得更緊密。沒有人不喜歡被讚美，大家也都會喜歡讚美自己的人。藉由聰明地讚美他人，做起事來會更順利、更輕鬆，還能打造一個充滿鬥志的職場環境。

### 讚美有助於提高親密度

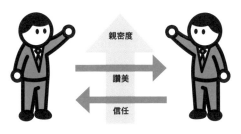

營造充滿鬥志的職場環境

## 透過「讚美表」，提高「讚美」的效果

ここがGOOD!!
**ほめシート**

年　　月　　日

*To　　　　　　　　へ　　*From　　　　　　　　より

*做得好

**素敵だね**

*具體描述至少50字
具体的にイメージが伝わるように、50文字以上

50文字

*很棒

**すごいね**

具体的にイメージが伝わるように、50文字以上

50文字

*謝謝你

**ありがとう**

具体的にイメージが伝わるように、50文字以上

50文字

引用自《絕讚餐飲管理》
（原書名《やる気と笑顔の繁盛店の「ほめシート」》，原邦雄著）

對於做得好的「行為」給予具體的讚美，
滿足對方的承認需求。

# 20 斥責 1
## Scold

### 生氣是為了自己，責罵是為了對方

在一份以新進員工為對象的問卷當中，針對「如果理由正當，你希望受到主管或前輩的責罵嗎？」的問題，有78.5%的人回答「希望」。

另外，針對「你認為被責罵，對自己的進步來說，是必要的嗎？」的問題，有87.7%的人回答「是」。也就是說，新進員工其實不排斥受到責罵，反而希望藉此獲得成長。這一點實在令人出乎意料。

然而，如果只是情緒上的責罵，下屬非但不會進步，人際關係也會產生變化。甚至隔天開始就不想再上班，這都是實際發生過的情況。那麼，究竟該怎麼斥責，才能激發對方的自我成長呢？

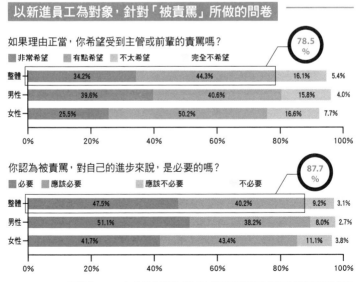

**以新進員工為對象，針對「被責罵」所做的問卷**

如果理由正當，你希望受到主管或前輩的責罵嗎？ **78.5%**

■非常希望　　■有點希望　　■不太希望　　完全不希望

| | 非常希望 | 有點希望 | 不太希望 | 完全不希望 |
|---|---|---|---|---|
| 整體 | 34.2% | 44.3% | 16.1% | 5.4% |
| 男性 | 39.6% | 40.6% | 15.8% | 4.0% |
| 女性 | 25.5% | 50.2% | 16.6% | 7.7% |

0%　　20%　　40%　　60%　　80%　　100%

你認為被責罵，對自己的進步來說，是必要的嗎？ **87.7%**

■必要　　■應該必要　　■應該不要　　不必要

| | 必要 | 應該必要 | 應該不要 | 不必要 |
|---|---|---|---|---|
| 整體 | 47.5% | 40.2% | 9.2% | 3.1% |
| 男性 | 51.1% | 38.2% | 8.0% | 2.7% |
| 女性 | 41.7% | 43.4% | 11.1% | 3.8% |

0%　　20%　　40%　　60%　　80%　　100%

根據「LEGENDA」企業的調查／以609名具有三年工作經驗的新進員工為對象

　　所謂「斥責」，是針對「失敗」或「不樂見的結果」所做出的反饋。以結果來看，可以喚醒對方的「自覺」，進而思考「對策」，改變「行為」，促使「自我成長」。

　　換言之，斥責的出發點，是為下屬或為對方著想。必須站在「For You」的出發點提出責罵，這才是最重要的。

　　那麼，如果是以「For Me」（為了自己）為出發點呢？那就會變成發洩情緒。也就是為了紓解煩悶而指責對方的一種斥責方式。這就不是「斥責」，而是叫做「生氣」。像「生氣」這種以情緒暴力指示他人的作法，一定會招來反彈。

　　至於具體的斥責方法，最重要的是「指出希望對方修正的具體行為」。例如：「你害公司賠了一億圓，你說該怎麼辦！」這只是單純的憤怒罷了。如果沒有具體指出錯誤，例如「都是因為你沒有做好聯繫的工作」，對方不可能有所「自覺」和「學習」。或者，也可以用類似「你覺得為什麼損失會變得這麼大？」的說法，促使對方思考失敗的原因、理由及對策。

　　最重要的是避免同樣的錯誤和失敗再發生。只要能夠喚醒對方的「自覺」、思考出「對策」，反饋才能算是達到目的。

## 促使對方自我成長的斥責方法

- 不生氣，不任意發洩情緒

- 指出希望對方「修正」的具體行為（促使「行為改變」）

- 反饋（和對方一起思考失敗的原因，以及日後的對策）

- 透過「斥責」、「被責罵」，建立彼此的信任關係

 與其責罵「你說該怎麼辦！」，
指出具體錯誤、思考對策，效果會更好。

# 21 斥責 2
Scold

## 沒有信賴關係，罵只會帶來反效果

前一節介紹了「促使對方自我成長的斥責方法」，事實上，這個作法要成功，還有一個很重要的前提，那就是彼此之間的信賴關係。

就算用對方法斥責，但如果對象是今天才剛第一天上班的工讀生，或是剛進公司才一個月的新進員工，嚴厲的斥責很可能會造成對方隔天就辭職不幹了。這是因為「斥責／被責罵」，是建立在彼此的信賴關係之上。

身為主管，對待下屬必須用「父親般的愛」。因為給予栽培，希望對方有所成長，對將來抱以期待，希望能夠有好的表現，所以會斥責對方。就是這種愛和著想，就像父母養育孩子一樣，「栽培下屬」、「希望他成長」的想法。

相反的，下屬面對主管，必須要抱著某種尊敬才行。對於工作經驗豐富的主管，假使沒有正面的敬意，就算被罵，只會引發反彈的情緒，例如「你在說什麼啊」、「煩死了」、「自己又不是多了不起，說得一副自以為是的樣子」等。除非抱著「我也想變得和主管一樣能幹」的心態，才有可能「聽得進去」。

**「斥責」的最大前提**

斥責
父親般的愛
被責罵
敬意、尊敬
信賴關係

「斥責／被責罵」必須建立在信賴關係之上

彼此之間必須要先有這種父親般的慈愛，與尊敬的信賴關係，「斥責／被責罵」才有可能成立。

「父親般的愛」和「父親般的可靠」，又稱為父性。提到父性，一般討論大多聚焦在「強勢」或「懦弱」上。然而，「過於強勢的父性」，對人際關係來說其實不利。比較極端的例子像是電影《星際大戰》中的黑武士，就是「以暴力對待家庭的父親」。這種以力量支配他人的方式，當然不可能受到尊敬。

在「可靠」及另一項「人性、個性」上擁有異於他人的表現，並具備「受尊重」、「受敬重」的要素，便能發揮領導力。只有努力建立這種人際關係，才有可能建立起平衡的主管／下屬關係。

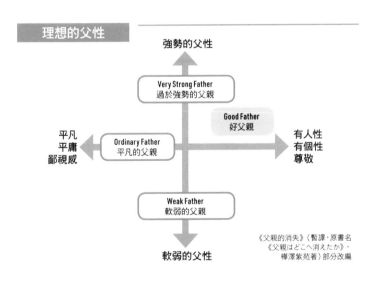

**理想的父性**

強勢的父性

Very Strong Father
過於強勢的父親

Good Father
好父親

平凡
平庸
鄙視感

Ordinary Father
平凡的父親

有人性
有個性
尊敬

Weak Father
軟弱的父親

軟弱的父性

《父親的消失》（暫譯，原書名
《父親はどこへ消えたか》，
樺澤紫苑著）部分改編

在以力服人之前，
先想辦法贏得對方的尊敬。

# 22 道歉
## Apologize

## 「道歉」不是「認輸」

　　就算做錯，也不願道歉，或是找藉口為自己辯解。各位是否也會這樣呢？一般來說，「男性」且「地位愈高」的人，通常都不願道歉。

　　之所以無法坦然道歉，是因為自尊心過高，覺得道歉有損自我價值，所以不想傷害自己的自尊心。然而，道歉真的會降低自我評價和價值嗎？

　　有一項心理實驗，請受驗者和實驗助手一起做某件事。助手在過程中故意犯錯，導致受驗者受到實驗者的負面評價。

　　接著，助手分別做出四種不同的反應：向受驗者道歉／不道歉；當著實驗者的面向受驗者道歉／只當著受驗者的面道歉。結果發現，如果「當著實驗者的面道歉」，受驗者會知道不是自己的錯，因此無損自我評價。相反的，如果「只當著受驗者的面道歉」，受驗者會將失敗當成自己的責任，因此降低自我評價。

　　實驗最後，請受驗者為助手的能力給予評價。

### 道歉有助於提高評價

|  | 實驗助手的態度 | 受驗者的評價 | 【結果】受驗者對助手的評價 |
|---|---|---|---|
| 組別 1 | 道歉 | 沒有降低 | 高 |
| 組別 2 | 道歉 | 降低 | 高 |
| 組別 3 | 沒有道歉 | 沒有降低 | 低 |
| 組別 4 | 沒有道歉 | 降低 | 低 |

參考／《道歉的研究》（暫譯，原書名《謝罪の研究》，大淵憲一著）

結果發現，無論受驗者的自我評價是否降低，對於表示道歉的組別，受驗者會給予較高的評價。

意思就是，道歉會提高別人的評價。很多人都覺得「道歉」會降低自己的評價，因此不願坦然地道歉。事實上，坦然道歉反而對自己有利。

另外，「道歉」可以讓自己做到輸出後的「反饋」。透過在情緒上接受「失敗的結果」，進而反省，找出下一次的對策。

如果不道歉，也就是認為「自己沒有錯」、「自己沒有責任」，「輸入、輸出、反饋」的循環就無法繼續運作，導致無法進步。換言之，不僅不會「自我成長」，接下來恐怕只會不斷發生同樣的錯誤。

不願「道歉」的人，不妨把「道歉」當成一種「反饋」，或是「進步的養分」。而且，只要瞭解「道歉」不會降低自我評價，反而有提升的作用，應該就能坦然地「道歉」了。

## 坦然道歉的人，最後評價也會跟著提高

非常抱歉！

看來他已經從錯誤中獲得學習了

評價提升⬆

拋開對「低頭道歉」的抗拒吧。

# 23 說明 1
Explain

## 從「語意記憶」轉換成「情節記憶」

不擅長輸出的人，應該也都不擅長說明。相反的，說明就是最適合鍛鍊輸出能力的一種訓練。而且透過說明，大腦會更容易留下記憶。

舉例來說，三角形面積的計算公式為「底x高÷2」。如果要說明為什麼是「底x高÷2」，雖然這只是小學程度的問題，不過卻意外地非常困難。

**三角形面積**

請試著說明「底 × 高 ÷2」

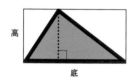

「首先，沿著三角形的底邊和高，畫出一個長方形。從三角形的頂點，畫一條垂直線。這時候，左右兩側會分別出現兩個面積相同的三角形。所以，將長方形的面積『底x高』除以2，就是三角形的面積。」

只要能夠做到這樣的說明，就絕對不會忘記三角形面積的計算公式了。

像這樣透過說明，原本的「語意記憶」（semantic memory）被轉換成「情節記憶」（episodic memory），因此變得更容易記住。所謂的「語意記憶」，是指關聯性較低的組合，例如英文單字「apple=蘋果」。

另一方面，「情節記憶」指的是過去發生的事情或體驗，也就是像故事一樣的記憶。兩者的特徵分別為「語意記憶」不僅不容易

記住，而且容易忘記；情節記憶則容易記住，且不容易忘記。

三角形的面積公式「底x高÷2」，只是一個單純的符號組合，因此屬於「語意記憶」。不容易記住，且容易忘記。不過，藉著「沿著三角形的底邊和高……」的說明，可以將原本的符號轉換為故事，也就是「情節記憶」，所以會變得容易記住，且不容易忘記。

透過說明，也可以讓對方瞭解得更深入，加強對方的記憶。非但如此，做出說明的自己，記憶也會更清晰。由此可知，「說明」是最有效的一種輸出訓練，同時也是鍛鍊大腦的一種方法。

| 語意記憶 | 情節記憶 |
|---|---|

說明

故事化

片段式的現象記憶

過去發生的事情的
記憶、情節

⬇

⬇

不容易記住，且容易忘記

容易記住、不容易忘記

想記住的事情，
就試著用自己的話向他人說明。

# 24 說明 2
## Explain

### 用「充滿自信的態度」加上「根據」

　　「說明」會在大腦留下記憶，同時也是一種鍛鍊大腦的方法。不過，就算瞭解這個重要性，實際要針對事物做說明時，真正可以說明清楚的人，還是很少。

　　因此在這一節，我想為各位介紹「清楚說明的7個方法」。

### （1）大聲、清楚地說

　　不擅長說明的人，都會對自己沒有信心，說起話來像蚊子一樣小聲，讓人聽不清楚。這樣一來，就算說明的內容無誤，對方也完全接收不到。因此首先，至少要大聲、清楚地說。也就是多留意「非語言溝通」的重點。

### （2）充滿自信、落落大方地說

　　不擅長說明的人，從他的聲音和態度上，就能看出其實「缺乏自信」。這樣一來，無論說得再有道理，從非語言訊息中也能看出缺乏自信，對聽者來說，就會對內容產生不信任感。所以，就算只有態度和語調也好，記得說話時要帶著自信。

### （3）先說重點

　　不擅長說明的人，總是會讓人搞不清楚到底在說什麼，因為遲遲聽不到結論。因此，說明時記得先說結論和重點。

　　例如「我贊成這個意見，因為……」。像這樣以「結論」＋「理由」的順序陳述，聽起來會更有邏輯，更容易瞭解。

### （4）長話短說

很多人都以為，多說一點，對方就會聽懂。事實上，說得愈多，聽者會愈混亂、愈聽不懂。因此，說明應該盡量長話短說。如果內容較長，可以簡潔地分段陳述。

### （5）舉例

透過例子說明，可以讓聽者更容易理解。所以，平時從生活中多蒐集一些用得到的例子也很重要，包括可以幫助人更詳細、更具體想像的例子，或是發生在周遭、讓人覺得更親近的例子等。

### （6）借助專業

借助專業，可以大大提升說服力。這也是為什麼本書引用了許多知名大學研究的原因。一時之間不可能馬上想到可以用來引用的研究和案例，因此必須平時就多瀏覽蒐集。

### （7）使用數據

「大多數都贊成」→「89%贊成」。「效果非常好」→「72%認為有效」。像這樣透過具體的數字來說明，就能提升說服力。

---

**清楚說明的公式**

| 非語言溝通 | | |
|---|---|---|
| 大聲、充滿自信的態度 | × 結論 | + 理由 舉例、專業、數據 |

 只要「充滿自信地」「從結論」說起，
說服力就會大幅提升。

# 25 坦白
## Be Open

### 坦承自己的真正想法，可以加強緊密關係

很多人都害怕揭露「自己的真正想法」和「弱點」。尤其日本人比起「坦白」，通常都比較傾向「忍耐」或「忍受」，因此甚至有人會覺得「坦白」自己的弱點是一件不妥的事。

然而，「坦白」自己真正的想法，其實非常重要，不僅可以使人際關係變得更緊密，也能讓溝通更進一步。

因為，透過坦承自己的內心（自我揭露，Self-Disclosure），例如「自己的祕密」、「自己的弱點」、「自己不好的地方」等，可以拉近和對方之間的心理距離。因此，「自我揭露得愈多，感覺更親密」的現象，就稱為「自我揭露法則」。

心理學家奧特曼（Irwin Altman）和泰勒（Dalmas Taylor）曾經提倡：「透過自我揭露，可以瞭解彼此，增加彼此的信賴，建立起親近的關係。」（社會滲透理論）

「對方只對我坦白，沒有對其他人說過」，這種心理上的交流，會讓彼此之間的關係變得更緊密。自我揭露的程度愈廣、愈隱密，感覺會更加親近。

## 自我揭露法則

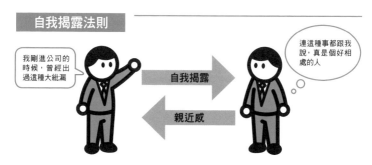

我剛進公司的時候，曾經出過這種大紕漏

連這種事都跟我說，真是個好相處的人

自我揭露

親近感

自我揭露有助於提升親近感

　　不過，對於素未謀面的人，不應該一下子就坦白太隱密的內容。例如假使對聯誼上剛認識的人突然坦承「我小時候是個受虐兒」，只會換來對方的吃驚而已。自我揭露必須配合對方的「心防」，一步步循序漸進才行。

　　如果對方尚有心防，自我揭露適度就好。如果認識久了，對方已經卸下心防，這時候才能做更深層的自我揭露。

　　也就是說，面對剛認識不久的人，自我揭露只要適可而止就好。

　　一旦坦白自己之後，對方也會願意自我揭露。這種現象稱為「自我揭露的回饋」，透過彼此坦白內心的世界，一步步加深關係。

　　善用「坦白」的方法，可以為自己建立深度、緊密的人際關係。

**自我揭露的回饋**

透過反覆的自我揭露，彼此會漸漸卸下心防

不只是好的部分，
勇敢地讓對方也看見你的弱點吧。

# 26 自我介紹
## Introduce Yourself

### 事先準備好「30秒」和「60秒」兩種版本

在第一次出席的場合上，應該都會被要求做自我介紹吧。

自我介紹時，有些人能夠非常流暢地展現自己的優點，讓大家牢牢記住他；有人則是慌慌張張、一句話都說不好。也就是說，自我介紹可以清楚分成「厲害的人」和「不擅長的人」兩種。

既然人一輩子會遇到上百回自我介紹的機會，假使不擅長，多練習就行了。

自我介紹要做得好，其實很簡單。只要事先擬好稿子，然後背下來，練習到可以流暢表達就行了。了不起三十分鐘就能辦到。

根據時間長短，自我介紹的內容也不一樣，可以分成「短的版本」和「長的版本」。有時候還會有時間限制，例如「請你用30秒的時間，簡單自我介紹一下」。所以，在擬定自我介紹的講稿時，最好準備「30秒」和「60秒」兩種不同的版本。

「30秒」大約是200個字，「60秒」大約準備個400字就夠了。實際動手寫過就會知道，這樣的內容長度可以寫的，比想像中多。

以下就為各位說明在自我介紹時，讓人印象深刻、產生好感的六大重點。

### （1）用大家都聽得懂的方式介紹

自我介紹的目的，是讓大家記住「你是做什麼的」。只不過，很多人的自我介紹，都無法清楚表達這一點。

如果只是告訴大家「我在紫苑公司負責CRM的工作」，聽的人只會滿頭霧水，不知道「那是什麼公司？」「CRM是什麼？」。既

然對方是第一次見面，自我介紹就要「用對方聽得懂的方式」，避免使用專業用語。這一點非常重要。

### （2）盡量加入和他人的不同的重點

如果自我介紹結束之後，對方完全不記得你是個什麼樣的人，這樣的自我介紹等於沒有意義。

換言之，自我介紹的必要條件，就是「讓人記住」。所以，應該盡量在內容中加入自己「獨特的地方」、「特別的地方」、「優點、擅長的部分」、「可以和他人做出區別的特點」等。

### （3）多利用數字

善用數字，可以更容易做出區別，讓人瞭解你厲害的地方。

例如，與其說「我喜歡看電影」，可以改說「我是個電影迷，一年會看上百部的電影」。又例如比起「我叫樺澤紫苑，是個暢銷作家」，改成「我叫樺澤紫苑，是個銷售累計五十萬冊的暢銷作家」的說法，會讓人留下厲害的印象。

### （4）多提到對未來的展望

包括「未來展望」、「使命」、「目標」等，自己想實現的期望。在自我介紹中盡量提到自己行為和思考的方針，可以獲得強烈的共鳴，也大大提升了後續大家的反應狀況。

沒有「特殊專長」或「不同於他人特色」的人，藉由表達自己的「想法」，也能引起大家的熱烈回應。

### （5）使用非語言溝通的技巧

自我介紹最重要的，不是「說什麼」，而是「怎麼說」。

如果是低著頭、用小到別人幾乎聽不見的聲音說話，甚至連名字都聽不到，這樣即便自我介紹得再精采，聽的人也只會留下不好的印象。

如同前述內容中提到的，第一次見面的印象，主要取決於非語言訊息。因此，自我介紹時必須注意自己表現出來的非語言訊息，眼睛看著前方、面帶笑容大聲地清楚表達。只要這麼做，就能給對方留下非常好的印象。

### （6）補充自己的特色

所謂自我介紹，就是告訴對方你希望如何被看待。這是個好機會，讓你在短時間內，展現希望被看到的自己。因此，平時就必須先想清楚「自己希望被如何看待」。

換句話說，如果可以加上幾句展現「自我特色」和「個性」的重點，你的自我介紹聽起來會更有吸引力。

自我介紹是溝通的開始，也是「結識」的大好機會。自我介紹如果做得好，無論是工作機會或戀愛機會，肯定會愈來愈多。

因此，最重要的是，事先好好確實地擬定自我介紹的講稿，並做好練習表達。

### 透用非語言讓人留下印象

笑容

自信

聲音清晰

態度確實

這個人
不錯喔

比起「說什麼」，更重要的是「怎麼說」

**自我介紹範例**

讓人印象深刻、產生好感的重點是？

| | |
|---|---|
| 我叫做樺澤紫苑，是個精神科醫師，也是個作家。 | 我是個做什麼的人？ |
| 我經常透過網路媒體，以淺顯易懂的方式，向大家介紹精神醫學和心理學上的常識。我的電子報、Facebook、YouTube的追蹤人數多達40萬人。 | 區別化、數據化 |
| 另外，我也寫了28本書。 | 區別化、數據化 |
| 醫生的工作大多是治療疾病，但我的個性本來就不喜歡和大家做一樣的事。 | 區別化（自己的性格、做事態度） |
| 身為一個首重「預防」的精神科醫生，我經常傳遞大眾各種訊息，希望可以盡量減少心理疾病患者和自殺者的發生。 | 展望 |
| 請大家多多指教 | 結語 |

約 200 個字＝ 30 秒

為了避免突如其來的慌張，
請事先準備好「萬無一失」的自我介紹講稿。

# CHAPTER2 TALK

## 27 賣東西 1
### Deliver Value

### 不是「推銷」，而是「展現價值」

大部分的日本人，都不擅長「賣東西」，或是對「賣東西」有負面觀感。這是因為很多人都覺得「錢是粗俗的東西」。

然而，做生意絕對不是「強迫推銷商品」。

所謂做生意，是正確傳達商品「真正的價值」、「真正的優點」、「真正的魅力」。最後使客戶提高購買欲，進而購買。真正做生意的方法，完全不需要「兜售」，更不必「強迫推銷」。

如果大家都知道做生意的目的不是「賣東西」，而是「介紹價值」，應該就會對「業務工作的負面形象」從此改觀了。

該算是賣東西嗎？我自己也會在電子報和Facebook上，宣告關於新書出版和講座的消息。例如「最新創作《最高學以致用法》終於出版了！」等。這時候，應該要怎麼介紹才好呢？

不擅長做生意或宣告的人，通常只會不斷要大家「請多多捧場」。不過，如果從消費者的心理層面來說，他們想買的是「有用的東西」。「沒有用的東西」，沒有人會想買。就是這麼簡單而已。因此，如果不說明商品的價值，只是不斷要大家「多多捧場」，商品不可能賣得出去。

如果想賣出商品，要做的只有一件事，就是「展現價值」。

舉例來說，如果要在我的電子報中介紹這本《最高學以致用法》，我會這麼說：

《最高學以致用法》的特色如下：

‧全日本第一本完全以輸出為主題，內容最完整的書籍。

‧從80個不同的角度，介紹輸出的實踐方法，堪稱輸出的百科大全。

‧以精神醫學和腦科學、心理學為依據，介紹可再現的相關知識。

‧以圖解入門，淺顯易懂，不擅閱讀的人也可以憑直覺理解。

‧每節內容大多維持在兩頁之內，可趁著空檔時間，輕鬆地隨翻隨讀。且可反覆閱讀，效果非凡。

‧困難度低，讀完就能馬上實踐，而且當場就能體驗到成效。

‧透過輸出，原本被動、消極的人生，瞬間變為主動、積極！

你是否也想透過這本《最高學以致用法》，實踐輸出，改變自己的人生呢？

　　雖然只有七個要點，但看完之後，各位是否也會想購買呢？這當中完全沒有提到任何一句「請多多捧場」。

　　這就是有效的業務技巧。沒有「推銷」，也沒有不斷要大家購買。只是介紹商品真正的價值。換句話說，就是說明「利益」。也就是顧客（消費者）買了商品以後，可以得到什麼好處或利益。就針對這一點好好地說明吧。

**消費者的心理**

我要買的是有用的東西

不想買沒有的東西

只要展現商品的利益和價值，東西就賣得出去

與其強調商品特色，
不如告訴對方「可以得到什麼好處」。

# 28 賣東西 2
## Deliver Value

### 只要「價值＞價格」，東西就賣得出去

只要展現商品的利益和價值，東西就賣得出去。賣東西不是「推銷」，而是「展現價值」……把自己當個傳遞價值的人，賣起東西就會變得容易許多。

不過，對於不懂賣東西的技巧的人，以下有個「熱銷公式」你一定要知道。

所有做生意的人一定都會想知道的「熱銷公式」，其實就是「價值＞價格」。價格只要比自己預想或期待的價值更便宜，大家就會購買。如果更貴，自然不會買單。

假設吃完15,000日圓的壽司，如果覺得「這在其他的店大概要花2、3萬圓」，以後就會再上門光顧。但如果覺得「這些就要15,000圓，太貴了」，就不會再光顧。

不過令人遺憾的是，許多企業為了做到「價值＞價格」，最後都是選擇降低「價格」。例如既然很多人嫌一碗牛丼450圓太貴，乾脆就降價為380圓。或者，因為別家公司價格較低，自己也跟著調降價格。這種無止境的降價競爭，造成許多企業都呈現虧損。

要想不調降價格、又能把東西賣出去，方法就是提高商品的價值。當然，也可以重新研發製造有吸引力的商品。不過，針對現有的商品，其實只要確實讓消費者知道商品的魅力、優點和利益，馬上就能符合「熱銷公式」。

舉例來說，我有一個網路學習社團，名叫「樺澤塾　精神科醫師的工作術」。如果社團的介紹為：「深入傳授樺澤流工作術和學習法！每個月只要1,620圓，就能訂閱3部長30分鐘的樺澤流工作術影音教學！」

這樣的介紹，應該很少人會馬上想訂閱吧。

事實上，樺澤塾（http://lounge.dmm.com/detail/60/）有以下四個非常重要的特色：

| | |
|---|---|
| | （1）所有內容免費觀賞：社團裡的所有影音內容，全部都能免費觀賞。數量共計85部、超過50個小時。 |
| | （2）輸出型的學習法：一般網路教學大多只限影音瀏覽，屬於被動式的教學。不過在樺澤塾，學員可以邊看影片邊實際進行輸出。也就是透過主動參與的授課方式，大幅提升記憶並學會技巧。 |
| | （3）雙向溝通：定期在Facebook舉辦直播問答，回答所有學員的問題。學員不再只是單方面的接收，也可以提問，落實真正的「雙向溝通」。 |
| | （4）見面會：每個月舉行2次「錄影拍攝會」，學員可以在現場直接見到樺澤醫師，也能當面提問。會後還有交流會。 |

加入「樺澤塾」，包括「所有內容免費觀賞」、「輸出型的學習法」、「雙向溝通」、「見面會」等所有內容，全部只要「一本商管書的價格」1,620圓！

透過具體說明特色，大家就能感受到遠勝過價格的價值。

只要像這樣記住「價值＞價格」的重點，就算不做任何推銷，也能展現商品的吸引力。

重新審視自己商品的吸引力。

# 29 感謝
## Appreciate

## 讓事情一切順利的神奇咒語——「謝謝」

大家都知道「感謝很重要」，不過，應該有很多人都是因為害羞，所以無法坦然地說出「謝謝」。但話說回來，「感謝」真的會帶來正面效果嗎？

美國伊利諾大學的研究顯示，經常抱著感謝、正面心情和幸福感的人，比相反的人可以多活9.4年。

另外，很多研究也發現，經常心存感謝、抱著正面情緒，有助於心血管的穩定，還能提高免疫力、延長壽命等。換言之，「心存感謝有益健康」是經過證實的。

以腦科學來說，感謝會刺激大腦分泌四種不同的腦內物質，分別為多巴胺、血清素、催產素及腦內啡。這四種激素，都會對大腦和身體產生正面的作用。

只要一個行為，就能刺激大腦分泌四種腦內物質，這是其他任何事物都辦不到的。因此可以說，感謝是鍛鍊大腦最好的方法。

不僅如此，血清素和催產素具有療癒的作用，可以使人放鬆；催產素和腦內啡還有提高免疫力的效果。這些物質的分泌，可以說都是「有益健康」。

更有趣的是，感謝和受人感謝時，大腦都會分泌出腦內啡。大家都知道向人表達感謝的好處，不過事實上，就連受人感謝，生理和心理也會產生正面的影響。

對於「表達感謝」這件事，該說是不好意思嗎，有些人可能會心存抗拒。不過，沒有人會對受人感謝感到不開心。感謝反而可以加深人際關係和溝通。

　　從腦科學的角度來說，也證實感謝會帶來非常好的效果。因此，各位不妨鼓起勇氣，經常把「謝謝」掛在嘴邊。「謝謝」，是一句讓所有事情變得一切順利的神奇咒語。

　　當太太的，只要先把對先生的「抱怨」變成「感謝」，夫妻關係就會變得更融洽。各位何不也提起勇氣說「謝謝」呢？

感謝激發分泌的腦內物質

| 多巴胺 | 幸福激素 | 感到幸福、提升動力、學習動機、專注力、記憶力 |
| 血清素 | 療癒激素 | 平靜、冷靜、緊張獲得緩和、產生好感 |
| 催產素 | 放鬆激素 | 平靜、愛情、親切、感到信任、免疫力提升 |
| 腦內啡 | 腦內麻醉劑 | 感到幸福、亢奮、放鬆、專注力提升、免疫力提升 |

### 感謝的七大好處

1　感謝可以讓人際關係更順利

2　感謝可以提高 25% 的幸福感

3　感謝可以讓人延長 9.4 年的壽命

4　感謝可以讓人不容易生病

5　感謝有助於提高免疫力

6　感謝可以使人早點恢復健康

7　感謝有助於減輕疼痛

參考／《放下努力，疾病自然遠離》（暫譯，原書名《頑張らなければ、病気は治る》，樺澤紫苑著）

拋開不好意思的顧忌，
從自己開口說「謝謝」吧。

# 30 打電話
## Call People

### 緊急時，能夠發揮最大效用的工具

聽到「打電話」，很多人都會覺得是過時的行為。再加上如今e-mail和手機訊息十分普及，打電話的機會已經非常少了。

不過，比起e-mail和手機訊息，還是有某些時候，「打電話」反而是最好的選擇。身處數位時代，最重要的就是聰明善用連接現實和數位的「電話」。

### （1）電話是最好的確認工具

電話的好處，就是快速且確實。透過e-mail和手機訊息，一方面不曉得對方什麼時候才會看到，另一方面，就算訊息「已讀」，也不會知道對方是否真的瞭解內容。

因此，如果是「緊急且重要的事情」，或是「想立刻知道決定或結果的事情」，就適合用電話。以前，曾經有人向我抱怨「我有急事一直在等你回覆我訊息，為什麼你沒有馬上回我」。既然是如此緊急的事情，就不應該只是一直等待對方回信，必須以「電話」盡早確認才對。

電話可以當下確實「確認」對方的意思和想法。所以，「確認」緊急的重要事情，最好的工具就是電話。

### （2）必須避免打擾到對方的工作

電話最大的壞處，就是會打斷對方的工作。打電話時，對方可能正在開會或討論重要工作。有時候就會因此惹怒對方，例如「這種無關緊要的事情，不要在我忙的時候打來煩我！」。

此外，專注力一旦被打斷，要再恢復原本的專注，最少必須花五分鐘以上。因此，「打電話」很有可能會「妨礙到對方工作」。

以我來說，中午之前的寫作時間，就算有電話，我也不會接，因為會打斷專注力。

　　為了避免打擾到對方工作，一些比較不緊急的事情，可以等到對方「發出e-mail或手機訊息之後」，或是「在社群網站上發布動態之後」，再打電話。因為這表示對方正在休息，至少不是正忙著工作。

　　或者，可以配合對方的時間安排，例如利用午休時間等，挑選「不是忙著工作的時間」打電話。這樣一來，對方應該會樂於接到你的電話。

### （3）可以傳達非語言訊息

　　比起e-mail和手機訊息，電話最大的優勢，就是可以透過非語言的方式，例如聲調等，傳達自己的「感情」。在e-mail裡寫「感謝您」，和用電話直接表達，電話由於多了非語言要素，因此更容易達到傳達的目的。

　　以具體的例子來說，比起透過訊息簡單表達「感謝」，用電話鄭重表達，對方更容易感受到你的心情。「請託」也是一樣，就算

「電話」和「e-mail及手機訊息」的差異

| 電話 | e-mail 及手機訊息 |
| --- | --- |
| 快速 | 不知道對方何時會看到 |
| 確實 | 不確定。不知道對方是否確實看過 |
| 會打斷對方的工作 | 可利用空檔時間收發 |
| 比較容易傳達感情上的細微差異 | 可以正確地傳達詳細內容 |
| 不會留下紀錄。<br>容易產生「說過」<br>和「沒說過」的糾紛 | 會留下紀錄 |

CHAPTER2 以科學為根據基礎的表達術

109

在e-mail中一口就被回絕，只要透過電話親自拜託，對方接受的機率將會提高好幾倍。

希望傳達「感情」的時候，與其用e-mail或手機訊息，電話才是最好的選擇。

### （4）可以傳達細微差異

有時候就算用e-mail不斷來回，彼此在認知上還是會有一些小問題。這時候透過電話，三十秒問題就解決了。這是因為電話可以傳達微妙的細微差異。

因此，並非凡事都以e-mail或手機訊息聯絡就沒事了。

寫一封冗長的e-mail，需要花上一段時間。如果是「複雜的事情」或直接用電話說明比較容易理解的情況，打電話是最快速有效的方法。

### （5）不會留下證據

電話的一大壞處是，不會留下紀錄。因此經常會發生認知不同的狀況，例如明明在電話中說「好」，後來卻改口「我沒有說過這種話」。

或者像是在電話裡說「用1,200萬圓簽下合約」，但如果對方身旁環境吵雜，也很可能會誤聽成「1,000萬圓」。

**打電話必須顧慮到對方的狀況**

現在不知道是不是在忙？

我的聲音會不會太小？

會不會討厭講電話？

等一下再用 e-mail 說一次好了

所以，如果透過電話討論重要事情，後續最好再以e-mail做確認，並將紀錄和內容保留下來。這一點非常重要。

### （6）必須顧慮對方是否喜歡講電話

如果不曉得該用電話或e-mail及手機訊息聯絡對方，這時候不妨好好想想，「對方平常都是用哪一種方式聯絡」，是電話？還是e-mail和手機訊息？哪一種才是對方偏好的方式？

有些喜歡講電話的人，就算是不緊急的事，也會希望盡早以電話告知。老一輩的人都習慣講電話，應該有很多人都偏好以電話聯繫。

倒是我，非常不喜歡講電話，所以除非「緊急」，我都希望不要打電話給我。

以上就是聰明善用電話的六個方法。只要隨時留意這幾點，自然會知道該用什麼方式聯絡對方。

---

**依據狀況不同做判斷**

哪一個好呢？

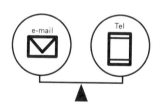

e-mail　Tel

自己心裡要先有一把尺，例如：
「平常都用 e-mail 聯絡」
「有事拜託的時候用電話」

---

把工作對象分成「電話派」和「e-mail派」。

# 激發極限能力的
# 書寫方法

# WRITE

# 31 寫
Write

## 寫得愈多，大腦愈活化

輸出的基本方法，就是「說」和「寫」。其中比起「說」，「寫」更能留下記憶，達到自我成長的目的。相信各位以前在學校，也經常聽老師說念書要「邊寫邊背」。

那麼，到底為什麼「寫」會有這麼大的效果呢？

這是因為，透過「寫」，大腦的網狀激活系統（Reticular Activating System，簡稱RAS）會受到刺激。RAS指的是從腦幹輸往整個大腦的神經結構，等於神經的網絡。

多巴胺、血清素、正腎上腺素的神經系統等，也是從這個位於腦幹中心的RAS輸往整個大腦。

簡單來說，就像東海道新幹線和東北新幹線、上越新幹線的

### RAS 就是大腦的搜尋引擎

注意！

搜索

RAS

寫 刺激 RAS 作用

起點站「東京車站」一樣。這就是RAS的重要性。所以RAS又稱為「注意力塔台」。

RAS一旦受到刺激，整個大腦皮質就會接收到「注意、注意！連小地方也不能疏忽了！」的訊號。於是，大腦會集中注意力在眼前的事物上，開始努力地吸收情報。這就像在「Google」搜尋引擎中輸入關鍵字一樣。

刺激RAS最簡單的方法，就是「寫」。透過動手「寫」，注意力會集中，大腦開始活動。最後達到提高記憶力和學習能力的目的。

或者，RAS也能發揮「注意力過濾器」的作用，可以略過不重要的情報，並篩選出重要的情報，把大腦的注意力轉移過來。前面提過的「雞尾酒會效應」，當中的「選擇性注意」，也是由RAS來控制。

只要透過動手「寫」，就能「瞬間找到應該特別注意的東西」。因此，如果覺得「這個很重要！」「這個要背下來！」「想再多瞭解一點！」，就動手寫吧。

以前念書的時候，每到考試前幾天，我就會以三天一本的方式，不斷拚命地寫，寫到連筆都快沒水。總之，就是邊寫邊背就對了。

不斷、不斷、不斷地寫，愈寫愈刺激RAS發揮作用，連帶整個大腦也變得愈來愈活絡。這就是「寫」這項輸出方式的腦科學效果。

透過動手寫，
就能發揮大腦最大的潛力。

# 32 動手寫
## Write by Hand

### 手寫的效果遠勝過打字

透過「寫」可以留下記憶，獲得良好的學習效果。

不過，近來有愈來愈多大學生，上課的筆記都不再是用手寫，而是直接輸入到筆電或平板裡。像這種「打字」的效果，也跟「手寫」一樣嗎？

在美國普林斯頓大學和加州大學洛杉磯分校的共同研究當中，以大學生為對象，分成「用手寫做筆記的學生」，以及「用筆電做筆記的學生」兩組，進行比較。

結果發現，手寫的學生成績變好，記憶維持得比較久，也比較容易產生新的想法和創意。

另外，挪威斯塔萬格大學與法國艾克斯—馬賽大學的共同研究當中，將受驗者分為「手寫」組和「打字」組，請他們背下一組二十個字母的文字列，分別於三週後及六週後，測驗最後記得多少。

結果顯示，比起打字，手寫比較容易記得住。

不僅如此，透過MRI（核磁共振成像）掃描手寫中和打字中的大腦狀態，發現只有手寫的時候，大腦中語言處理相關的布洛卡區（Broca's area）才會產生作用。

因此，以「手寫」和「打字」來說，透過動手寫在紙上，大腦比較容易記住，學習效果也比較好。

## 手寫筆記的學生，學習效果比較好

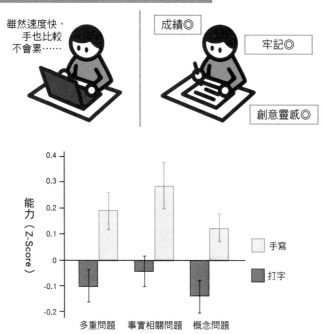

雖然速度快，
手也比較
不會累……

成績◎

牢記◎

創意靈感◎

手寫

打字

多重問題　事實相關問題　概念問題

Z-Score：與母體平均標準差之間的差距

請學生在四堂課中，分別以筆電「打字」和鉛筆「手寫」做筆記。
隔週，讓學生複習筆記十分鐘後，接受四十題的測驗。

普林斯頓大學與加州大學洛杉磯分校共同研究

要想更有效地學習，
就動手寫筆記。

# 33 寫下想法
## Make Notes

## 書中密密麻麻的想法，都是學習的軌跡

各位在看書的時候，是會在書上劃線、在空白處寫下心得的「筆記派」？還是什麼都不寫的「乾淨派」呢？

根據我針對一百人所做的調查，「筆記派」大約佔了七成，「乾淨派」的人大約是三成。

我自己則是屬於「筆記派」，會邊看書邊把想法全寫下來。也會拿著螢光筆，在重要的部分劃線。

我建議各位在看書時，一定要邊看邊記錄想法。因為透過記錄想法，不僅可以加深對內容的理解，也比較容易記得住。

「讀」是一種輸入。只不過，如果光是只有「讀」，大腦不容易記住，過沒幾個月就忘光了。這時候，有一個方法，可以把「讀」瞬間轉換成輸出。那就是邊讀邊「記錄想法」。

**透過邊看邊記錄想法，
讓閱讀變成「輸出」**

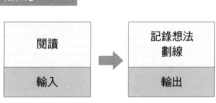

邊看邊記錄想法，轉換成積極式的閱讀，
讀過的內容就不會忘記了！

劃線、寫字等，這些都是活動手部、運用運動神經的「運動」，因此屬於輸出。而且，透過寫字，可以刺激網狀激活系統（RAS），將「注意！」的訊號發送至整個大腦。

也就是說，大腦會變得更活絡，針對劃線的關鍵字開始「搜尋」。這時候，原本被動式的閱讀，能瞬間轉換成主動式、積極式的閱讀。

要劃線和記錄的，是「引起注意」的部分。

當你覺得「啊！原來如此」、「以前從來不知道」、「這個情報太讚了！」時，大腦的神經迴路就會產生變化，這時候就要寫下來，避免忘記。

不過，有些人整本書看完之後，有三分之一的內容都劃了線。這樣太多了。重點劃得太多，根本不知道哪裡才是真正的重點。

一本書只要找出三個真正覺得重要的重點劃線就好。如果看完一本書可以獲得「三個重點心得」，等於是獲得珍貴的「寶物」一樣。可以說「買書的錢都回本了」。

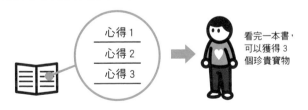

**從一本書得到 3 個心得**

心得 1
心得 2
心得 3

看完一本書，可以獲得 3 個珍貴寶物

看書時，記得準備筆和螢光筆。

# 34 寫下來
### Write Out

## 將大腦中的情報，像拍照一樣保存下來

輸入做得再好，如果沒有輸出，很快就會隨著時間遺忘。例如看電影，只有電影看完的瞬間，腦中留下的記憶最多。經過三個小時之後，一些瑣碎的台詞大多已經忘記。再經過一個晚上之後，就連一些細微的描述，也都變得模糊不清了。

結束輸入之後，將體驗轉化為輸出的最佳時刻，就是大腦記得最多情報的「輸入結束後當下」。

下面的照片是我的筆記。是我在看完大衛‧林區的第一部長片處女作《橡皮頭》（Eraserhead）的復刻版之後，馬上衝到咖啡店，花了約半小時的時間，將腦中的情報一口氣寫下來的筆記。

包括一些台詞、描述、自己的感覺、想法、念頭、解釋、印象深刻的片段、場景等，把所有想到的，全都寫下來（A4筆記本，左右共兩頁）。

看完電影《橡皮頭》後，花30分鐘一口氣寫下來的筆記。

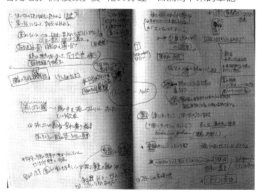

　　我平時也會寫一些影評，要想寫出一篇符合邏輯的影評，一定要做的一項工作就是：看完電影當下的輸出。也就是將大腦裡的記憶全部「寫下來」，又可以稱為「盤點大腦情報」。如果少了這個步驟，過了兩三天後，一些細節部分的記憶會變得模糊不清，就很難寫出敏銳的評論了。

　　各位一定也會有深感激動的體驗，像是看完舞台劇或音樂劇之後，觸動了內心感受。或是讀完一本精采的書、看完一部動人的電影。或是透過出國旅行，經歷了改變人生的體驗等。

　　無論是多麼寶貴、精采的體驗，充其量都只是輸入，會隨著時間淡化、變質、變得模糊不清。這實在是非常「可惜」的一件事。

　　不過，藉著這種「寫下來」的過程，當下瞬間的感動，會和「腦內」的狀況做整合，變成像一張照片一樣留下記憶。

　　這份紀錄是一生受用的東西，每次再回頭看，都能像之前的體驗一樣，清楚地回想起當初的感動和心得。

**盤點大腦情報**

透過動手寫下來，可以把大腦裡的所有情報影印、剪貼下來

可以永久保存發生的事、體驗、發現、感動

對於精采的體驗，
與其用「眼睛」，不如將它烙印在「紙」上。

# **35** 塗鴉
### Scribble

## 「提升記憶力」的驚人功效

以前念書的時候,有些同學都會在筆記本的角落亂塗鴉。這些人總會讓人以為他們上課不專心。老實說,一般人對於塗鴉的印象並不好,很多人都覺得「塗鴉會使人分心」。

針對塗鴉,曾經有一個非常有趣的實驗。英國普利茅斯大學以四十名受驗者為對象,在聽完一些人名和地名之後,再請大家寫下來。

實驗要求半數的受驗者邊聽邊塗鴉,結果發現,「有塗鴉」的人比「沒有塗鴉」的人,最後記得的內容多了29%。

沒想到塗鴉竟然可以提高記憶力!這結果實在太令人震驚了。一般都認為塗鴉會造成分心,但事實上卻是完全相反。

之所以會有這種結果,一般推測是因為塗鴉會對情緒造成刺激,因此更容易記住。

記憶法則當中有一項是「喜怒哀樂等情緒一旦受到刺激,記憶就會增強」。就像「超級開心的事」或「極度難過的事」,就算是十年前的事了,還是記得很清楚。也就是說,透過塗鴉畫一些可愛的插圖或愛心,就能刺激情緒,提高記憶力。

根據以色列理工學院設計技術學習相關的研究顯示,塗鴉可以活絡「思考的大腦和拿筆的手,以及看著紙上塗鴉的眼睛等三者之間的協調性」,有助於完成設計圖。

《塗鴉思考革命》(原書名《*The Doodle Revolution*》)的作者桑妮·布朗(Sunni Brown)曾經說過:「塗鴉是一種思考方法,會影響我們處理情報和解決問題的方法。從亨利·福特到史帝夫·賈伯斯等

所有留下偉大思考的人，他們在開始創作之前，都會善用塗鴉。」

另外像是寫下《人間失格》的知名文豪太宰治，他學生時代的筆記後來被人發現，引發熱烈討論。因為在他的筆記裡，到處都看得到塗鴉。其中大多是自畫像。

由此可知，塗鴉絕對不是什麼壞事，反而可以提高記憶力和創造力。

## 塗鴉才能強化記憶

〈不塗鴉的人〉　　　　　　　〈會塗鴉的人〉

記憶力
提高 29%

喜怒哀樂等情緒一旦受到刺激，
記憶就會增強

亨利・福特、
史地夫・賈伯斯、太宰治等，
都是邊塗鴉邊創作

畫臉或符號都可以

開會時頭腦打結，
就隨手畫些喜歡的東西吧。

# 36 列清單
## Make a List

### 大腦最多只能同時處理三件事

將大腦中的情報全部「寫下來」，我稱為「盤點大腦情報」。要想有效地運用大腦100%的能力，這個「盤點大腦情報」的過程絕對不可少。

各位覺得人的大腦，一次可以同時做幾件事呢？答案雖然眾說紛紜，但一般大多認為是「三」件左右。

舉例來說，假使預計在一天內做完七件事，大腦就會感到慌亂。這種「慌張」的現象，指的是大腦作業已經超出容量。

也就是說，這就像大腦裡有三個文件夾，把「資料」（情報）放進去之後，經過處理，接著再放入下一份「資料」。

空的文件夾愈多，大腦就能更有餘裕地處理工作，有效地完

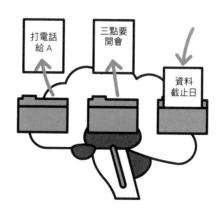

透過寫下來，清空大腦的文件夾

成。相反的，一旦所有文件夾都放了東西，大腦就變得沒有餘裕，做事效率跟著明顯下降。要避免這種狀況，就必須「盤點大腦情報」。

當我們在工作時，腦中會浮現許多「念頭」、「想法」或「靈感」。例如「要記得打電話給A」、「三點要開會」、「今天是提交資料的最後一天」等。這時候就要把它們全部「寫下來」，讓大腦的文件夾清空。

也就是說，「把資料（情報）放進大腦文件夾」是一種輸入，「清空大腦文件夾」則是輸出。

因此，不斷「清空大腦文件夾」，就能使輸入和輸出的循環保持運作。

透過「盤點大腦情報」騰出「空的大腦文件夾」之後，做起事來效率就會愈來愈好。

## 針對大腦做更廣泛的運用

哪一個做起事來更順利？

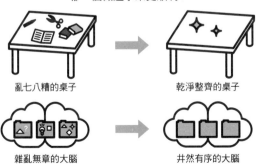

亂七八糟的桌子　　　　　乾淨整齊的桌子

雜亂無章的大腦　　　　　井然有序的大腦

盤點大腦中的情報，
把該做的事縮減成三項。

# 37 寫出好文章
## Write Good Sentences

### 除了「多讀多寫」，別無他法

美國暢銷作家史蒂芬‧金（Stephen King）在彙整自己小說技法的著作《史蒂芬‧金談寫作》（*On Writing: A Memoir of the Craft*）當中提到：

「如果想成為作家，有兩件事非做不可：多讀、多寫。就我所知，除此之外別無他法，沒有捷徑。」

雖說成為作家的方法，只能「多讀、多寫」，但這樣並不能算是「寫出好文章的方法」。

我自己也是個作家，出版過二十八本著作。十五年前，網路上經常有人批評「樺澤的文章寫得很爛」。不過最近，我覺得自己已經漸漸可以寫出「淺顯易懂的文章」了。我所做的努力，就是「多讀、多寫」。

閱讀是「輸入」，寫文章是「輸出」。「多讀、多寫」，其實和「不斷反覆進行輸入和輸出的循環」是同樣意思。

這時候最重要的，是「反饋」。就算每天寫出很多文章，如果沒有得到任何反饋，就不會進步。只是不斷反覆輸入和輸出，寫出同樣水準的文章罷了。

文章的反饋，指的是把文章拿給人讀，聽取對方的建議、批評、優點、缺點、應該修正或改進等意見。

最簡單的作法，就是在社群網站或部落格上寫文章。所有的按讚數、瀏覽人數，甚至回應等，都可以算是反饋。

在網路上寫文章，等於是讓自己「身處在批評中」，因此很多人不敢嘗試。然而，如果文章沒有人看過、沒有人批評，這樣的文章，就算寫了幾百萬字，也完全不會進步。「被閱讀」的緊張感，

有助於提高寫作時的專注力，也是刺激自己寫出更好文章的最有效方法。

另外，在鍛鍊寫作能力之前，可以先讀一本寫作相關的書籍。因為，假使連最基本的寫作方法都不懂，就算寫再多，也只會淪為「自成一派」。

關於寫作技巧的推薦書，如果想提高商業寫作能力，可以參考山口拓朗的《快速完整表達想法的87個寫作法則》（暫譯，原書名《伝わる文章が「速く」「思い通り」に書ける87の法則》）。如果是網路和社群網站的文章，可以參考拙作《SNS專家教你的社群文章術》（暫譯，原書名《SNSの超プロが教えるソーシャルメディア文章術》）。

## 啟動輸入（讀）和輸出（寫）的循環

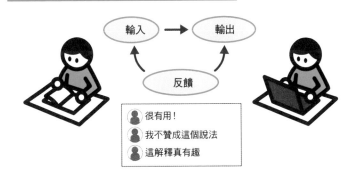

 把看完書的感想，發表到社群網站上吧。
只挑印象深刻的寫也好。

# 38 快速寫文章
## Write Quickly

### 根據「設計圖」，寫作速度最快可以提高三倍

關於寫文章的困擾，最多的是「文章寫不好」。第二多的就是「寫一篇文章得花很多時間」。

舉例來說，很多人開始寫部落格之後，發現自己寫一篇文章要花上兩個小時！由於太浪費時間，於是最後不了了之。

文章要寫得快，只有兩個訣竅。

一個是「設定好時間再寫」。一般人的想法都是「只要花時間寫，就能寫出好文章」。這其實完全錯誤。花一個小時寫一篇文章，和花兩個小時來寫，內容品質或許可以提高20%，但絕對不會到兩倍那麼多。

我自己的狀況也是如此，如果「沒有交稿期限」，寫起來就會拖拖拉拉的，也寫不出「好文章」來。如果設定好期限、一口氣專心地寫，速度和內容品質都會有所提升。

用這種方法，例如部落格「一篇文章花半個小時完成」，工作上的報告「花一個小時完成」等，事先決定好時間。

一開始可能很難在時間內完成，不過，一旦養成「設定好時間再寫」的習慣之後，大腦會受到訓練，漸漸地就能在短時間內寫出好文章了。

文章寫得快的第二個方法，就是「決定好架構再寫」。一般人寫文章大多是「邊寫邊想」，寫完一段之後，再想接下來要寫什麼。比起真正在寫，時間幾乎都花在思考。

其實，只要在開始寫之前，先決定好架構，知道要寫出什麼樣

的文章，然後再開始動筆，這樣一來，由於大腦已經有很清楚的目標，所以從下筆的第一個字開始，就能一鼓作氣、專心一志地寫下去。根據我的實際經驗，決定好架構再寫，速度大約可以快上三至四倍左右。

「沒有想好架構就寫」，意思就像「沒有畫設計圖就直接蓋房子」一樣。因此，各位下一次在寫文章之前，記得一定要先決定架構再動筆。

## 文章寫得快的訣竅

①決定好時間再寫

一篇部落格文章 30 分鐘

工作報告 1 小時

②決定好架構再寫

> 婚禮致詞
> 1 開場
> 2 自己和新郎（新娘）的關係
> 3 有趣的小故事
> 4 結語

## 文章架構的基本形式

只要根據這些形式，分別寫入一行左右的內容，就是一篇架構完整的好文章。

**❶** 序論　本論　結論

**❷** 起　承　轉　合

**❸** 結論　根據、理由　總結

**❹** 引言　內容1　內容2　內容3　總結

花一點心力思考架構，
文章自然水到渠成。

# 39 快速打字
## Type Fast

## 工作上的電腦基本能力

在現在的時代，幾乎每個人都是用電腦寫文章。幾乎已經沒有人是用筆寫在稿紙上了。也就是說，想要「文章寫得快」，「打字快速」就成了必要的條件。

所以，接下來我就為各位介紹打字快速最重要的四個方法。

### （1）維持不變的輸入環境

在公司用電腦，移動中用平板，在家用筆電。很多人應該都是像這樣，有多種不同的輸入裝置和輸入環境。不同的鍵盤和滑鼠，使用起來會有些微差異，因此就會造成正確輸入的速度變慢。

我平常使用的，只有一台筆電。我雖然是個電腦的重度使用者，不過家裡並沒有桌上型電腦。平時打字用的都是同一個鍵盤、

**多種裝置＝不同的輸入環境**
**會造成效率降低**

固定使用一台，
有助於提升輸入速度

同一個滑鼠、同一個滑鼠墊。因為這對打字來說是最快的方法。

### （2）使用Google日文輸入法

多數Windows的使用者，都會使用原本預設的微軟IME日文輸入法。不過，MS-IME的變換很慢，學習功能也不完善，使用起來十分不方便。只要改使用「Google日文輸入法」，根據我使用過的感覺，打字速度可以提高二至三倍。

使用Google日文輸入法有三個好處：只要輸入前面一兩個字，「補完功能」就會顯示可選用的單字；辭典會定期更新「最新詞彙」，一些流行用語和話題人名也能一次替換；「學習功能」會隨著使用愈來愈完備。Google日文輸入法免費提供了這些最完整的輸入功能，當然一定要多加利用。

到以下網址下載，只要一分鐘就能使用。而且不只有Windows版本，也有Mac版本。

「Google日文輸入法」http://www.google.co.jp/ime/

### Google 日文輸入法的補完功能

| あ │ |
| --- |
| 明日 |
| アウトプット　　　　〔全〕カタカナ |
| アウトプット大全 |
| 以 [Tab] 鍵選擇 |

只要輸入一個「あ」，電腦就會顯示最近使用以「あ」開始的詞彙，以供選擇更換。

### （3）活用「常用字儲存」功能

各位輸入自己家裡完整的地址，需要花幾秒鐘呢？我家包括郵遞區號在內的完整住址，一共有二十六個字。這二十六個字，我卻只要花「一秒」，輸入「まいじ＋變換」，就能完整顯示。因為我已經將「まいじ」（家裡地址縮寫）設定成「常用字儲存」了。

會使用電腦日文輸入法當中的「常用字儲存」的人，意外地非常少。我偶爾會有機會從他人背後看對方打字，發現很多人在輸入自己的郵件地址或家裡住址時，都是一個字一個字地打。這讓我十分震驚。

　　舉例來說，只要把「こんよろ」（今指）儲存為「今後もよろしくお願いします」（今後也多多指教），以後只要輸入指定簡寫，就能變換成整句。每天會使用超過三次以上的詞彙，全部都應該儲存為常用字。以我自己電腦裡的輸入法來說，就儲存了上千個以上的常用字。

將每天使用三次以上的詞彙儲存成常用單字
（常用單字儲存部分範例）

| せかば | 精神科醫師　樺澤紫苑 |
|---|---|
| まいめ（マイメールアドレス） | zionxx@kabasawa.jp |
| かばしん | 樺澤心理學研究所股份有限公司 |
| あう | 輸出 |
| ふぇ | Facebook |
| ぐぐ | Google |
| のな | 腦內物質 |
| わめ | 工作記憶 |
| ごく | 辛苦了。 |
| いつあり | 謝謝您。 |
| こんよろ | 今後也請多多指教。 |
| よわ | 《高材生的讀書術》 |
| かじ | 《最強腦科學時間術》 |

（以上為我平時實際使用的詞彙）

### （4）善用快速鍵

　　快速鍵指的是，透過按「Ctrl」或「Alt」加上其他按鍵，產生

某種指令動作。比起用滑鼠操作，快速鍵用習慣之後，輸入速度會快上許多。對於縮短輸入時間來說，是必要的技巧。

快速鍵對熟悉電腦操作的人來說是常識，不過，對於剛接觸電腦的人，意外地也有人不知道快速鍵的作用。

另外還有「盲打」（blind touch，打字時眼睛不看鍵盤）、「假名輸入」、「拇指鍵盤輸入法」等。學會這些，都能大幅提升打字速度。不過必須要花點工夫和時間，才有辦法熟練。

最近，Google辭典的「語音輸入」，精準度變得非常高。擅長說話的人如果善用這種「語音輸入」，輸入速度也會快上好幾倍。

現在的時代，幾乎沒有人工作上不會使用到電腦。大致上來說，電腦輸入的速度若是能快上兩倍，做事的速度可以說也會快上兩倍。

「快速輸入」對上班族來說，是必備的能力。各位不妨搭配組合上述的幾種方法多練習看看。

## 常用快速鍵

|  | Windows | Mac |
|---|---|---|
| 拷貝 | Ctrl + C | Command + C |
| 剪下 | Ctrl + X | Command + X |
| 貼上 | Ctrl + V | Command + V |
| 復原動作 | Ctrl + Z | Command + Z |
| 重複動作 | Ctrl + Y | Shift + Command + Z |

只要先熟悉這五個，效率就會明顯提升

徹底活用方便的功能，
提高輸入速度，也等於提高做事的速度。

# 40 列出待辦清單
## Write a Todo list

---

## 一天當中最重要的工作，而且要一早起來就做

我每天早上開始工作之前，都會先做一件事，就是「列出待辦清單」。

早上起床後的兩至三個小時，又可稱為「大腦的黃金時間」，是一整天專注力最好的時候。利用這寶貴時間，在開始工作之前先「列出待辦清單」，是因為這是一整天當中「最重要的一件事」。

為什麼我每天都要「列出待辦清單」？這是因為這麼做，可以帶來非常棒的作用。

**【待辦清單的絕妙好處】**

**（1）可以確認一整天的工作流程**

所謂待辦清單，是羅列今天一整天當中，應該做的工作、業務、任務等的清單。換言之，透過寫出這些內容，可以在腦中推演今天一整天的工作流程。這也可以說是「成功形象」的想像訓練。

待辦清單就像「一日工作的設計圖」。沒有人會沒有畫設計圖就直接蓋房子。不過，卻有很多人是沒有畫設計圖，就直接開始工作。這樣一來，做起事來只能「走一步算一步」，或是忘了重要事項，結果時間來不及，只能靠加班來完成。

花個三分鐘列出待辦清單，順便確認接下來一整天的工作流程，用更有效率的方式分配工作。這些有沒有做到，工作效率可說是好幾倍之差。

**（2）專注力不中斷**

沒有事先列出待辦清單的人，每當結束一項工作之後，就會開始想「接下來要做什麼？」。這個瞬間，原本高度集中的注意力，

一下子會被歸零。要想再恢復原本集中的注意力，必須花上好幾分鐘。等於每當結束一項工作，時間就會白白浪費。

如果在四百公司的接力賽中，一隊是每次交換跑者就掉棒，一隊是從頭跑到尾沒有掉棒。若問哪一隊的成績比較好，答案不言自明。這個道理大家都明白，只不過，不曉得為什麼，很多人在面對工作時，還是要每次都像掉棒一樣，一一思考「接下來要做什麼？」。

如果有待辦清單，只要花一秒鐘看一眼，就會知道接下來要做什麼。所以，原本的高度專注力就能維持在最好的狀態，繼續交棒給下一個工作。

### （3）降低疏失

工作一忙起來，很容易就會發生疏失，例如不小心忘記開會時間或資料的截止日期等。如果有待辦清單，由於已經列出當天重要的工作和預定要做的事，只要邊確認邊工作，發生「疏失」的機率幾乎等於零。

之所以會發生疏失，是因為相信自己的記憶。比起「記憶」，邊確認「待辦清單」邊做事，就能降低工作上的疏失。

### （4）工作記憶的容量變大／做事變得有效率

人的大腦，一次能夠處理的情報量（工作記憶）有限，頂多只能同時處理三件事。假使好幾個預定行程和想法同時佔據大腦，大腦就會陷入幾乎停止運作的狀態。

自己可能不會察覺，不過，當大腦陷入「這個也要做、那個也要做」的狀態時，工作效率就會明顯降低。如果可以把這些「非做不可的事」、「預定行程」、「未解決事項」等，全部列成待辦清單，大腦的工作記憶就能有效的運用，全神貫注在眼前的工作上，使工作效率大幅提升。

但近來的商管書也出現反面意見，認為「待辦清單沒有用」。之所以這麼說，肯定是待辦清單用的方法不對。

舉例來說，各位平時會使用手機的待辦清單功能嗎？要想發揮待辦清單的最大效果，必須嚴守以下「三大原則」。

### 【待辦清單三大原則】1　寫／印在紙上

使用待辦清單絕對不能犯的作法，就是利用手機應用程式來列清單。手機充滿了誘惑，如果每當工作告一段落就看手機，很容易會分心到待辦清單以外的東西上，例如看訊息、瀏覽新聞等。

因此，待辦清單最好是寫在紙上，或是用Word打好、列印出來。

### 【待辦清單三大原則】2　隨時放在桌上

列印好的待辦清單，要隨時放在工作桌上，讓自己要進行下一個工作時，一眼就能看到。這一點很重要。

待辦清單的一大好處，就是「專注力不中斷」。因此，假使無法一眼就看到，專注力就會中斷，這麼一來，使用待辦清單就沒有意義了。

### 【待辦清單三大原則】3　一旦完成，就大膽地劃掉

只要完成一項清單上的工作，就大膽地以斜線劃掉。藉此可以感受到成就感，刺激動力來源的多巴胺分泌，讓自己對下一個工作更有衝勁。

在此跟大家分享我自己平常使用的待辦清單，有Word版本和PDF版本，歡迎各位下載使用。

http://kabasawa.biz/b/output.html

## 待辦清單　　　月　　日

| | | |
|---|---|---|
| AM 1 | | |
| AM 2 | | |
| AM 3 | | |
| PM 1 | | |
| PM 2 | | |
| PM 3 | | |
| 每日 1 | | |
| 每日 2 | | |
| 每日 3 | | |
| 空檔 1 | | |
| 空檔 2 | | |
| 空檔 3 | | |
| 休閒 1 | | |
| 休閒 2 | | |
| 休閒 3 | | |
| 其他 1 | | |
| 其他 2 | | |
| 其他 3 | | |

待辦清單的使用方法

1) 列出三項中午前要做的工作

2) 列出三項下午要做的工作

3) 列出三項每天固定的工作

4) 列出三項空檔時間要做的工作

5) 私人活動。列出三項休閒、嗜好等活動

6) 寫不完（不太重要）的部分，列在「其他」欄位

有效活用大腦的工作記憶，
保持專注力不中斷。

## CHAPTER3 WRITE

# 41 記錄發現
## Make a Note

### 不想錯失點子，關鍵時間只有三十秒

「我想到一個很棒的點子！」結果三分鐘後，什麼都忘光了……各位也有這種經驗嗎？

靈感、點子、發現等，大腦的瞬間靈光乍現，是神經細胞的放電，換言之就像「煙火」一樣，瞬間就會消失不見。

據說當人有所發現的時候，腦神經迴路的連結會產生改變。這一瞬間，體驗稱為「A-HA！體驗」，在腦科學當中深受注意。英文「A-HA」意思是「啊！原來如此」。也就是說，指的是發現「啊！原來如此」的體驗。

腦科學家茂木健一郎指出，「產生『A-HA！體驗』時，在短短0.1秒的時間內，腦神經細胞會全數活動，改變對世界的看法。當腦神經細胞的連結改變，結束『瞬間學習』之後，就會恢復成原來的自己。」也就是說，當感受到「啊！原來如此」的瞬間，腦神經細胞的迴路、配置會改變，為大腦創造出新的思路。意思就是自我成長成和幾秒鐘之前的自己不同的自己。

大腦的「新思路」，一開始只是像「未開發的獸徑」一樣，若放任不管，就會恢復原本的狀態。這段時間頂多只有三十秒到一分鐘。

---

### 「A-HA！體驗」與自我成長的關係

Before

A-HA！
原來如此！

After

產生新的迴路

自我成長

改變腦神經迴路的連結

這種情況就像做夢醒來的瞬間，還清晰記得夢裡發生的事。可是，不到一分鐘的時間，記憶已經變得模糊，十分鐘後就忘得一乾二淨了。

因此，如果出現「A-HA！體驗」、獲得「發現」，就要馬上記錄下來。可以的話在三十秒之內，最慢也要在一分鐘之內完成。

輸出、也就是「寫」，是在「運用」情報。透過情報的不斷運用，「獸徑」會愈來愈明顯，漸漸變成農用道路，最後鋪設成公路。大概就像這樣。

鋪設腦內公路網（神經迴路），並一步步拓寬，意思就是「自我成長」。而這過程的第一步，便是「發現」。所以，一旦有「發現」，一定要在三十秒內將發現記錄下來。

**一有「發現」，趕緊在三十秒內記錄下來**

A-HA！

大腦在 0.1 秒內即產生新的迴路

若不理它，30 秒～1 分鐘內就會忘記

隨身帶著可以迅速做筆記的裝置

準備好筆記裝置，
等待「發現」的隨時降臨。

# 42 靈感 1
## Come Up with an Idea

### 放鬆才能獲得創意

　　想不出點子；擠不出好的創意……工作最痛苦的，就是眼看「點子提供」和「企劃書」的期限就要到了，卻完全沒有任何靈感。

　　只要知道激發靈感的方法，或許人生就會改變。沒想到，近年來腦科學真的找到獲得靈感的方法了。

　　《NHK特輯報導「人體」：厲害的大腦！靈感和記憶的真相》（2018年2月4日播出）是一集非常有趣的內容。為了瞭解「靈感」是什麼狀態，製作單位邀請芥川賞作家，同時也是搞笑藝人的又吉直樹為研究對象，透過MRI觀察他的大腦活動狀態。

　　結果發現，當他「靈光乍現」時，大腦狀態幾乎和「放空」時的狀態一模一樣。不過，雖說是「放空」，大腦也並非停止活動，整個大腦其實處於完全運作的狀態。

## 「靈光乍現」時的大腦狀態

放空大腦

靈光乍現

大腦狀態
幾乎一致

有個說法叫做「創意的4B」。指的是容易激發靈感的四個場所，分別為「Bathroom」（泡澡、上廁所）、「Bus」（搭公車、移動中）、「Bed」（睡覺、睡前、醒來後）、「Bar」（喝酒稍微放鬆時）。

許多歷史性的發現，都和「創意的4B」有關。例如「阿基米德浮體原理」是在泡澡時發現的；「苯環結構」的發現，則是來自一個猴子互相手拉手的夢境。「創意的4B」的共同點，就是「放鬆」、「放空」。這一點也和上述的MRI實驗結果一致。

一般人都認為獲得「靈感」的方法，就是不斷地想、激發大腦活動。事實上，讓自己放空，出乎意料地也非常重要呢。

**創意的 4B**

容易激發靈感的場所

Bathroom
浴室（泡澡、上廁所）

Bus
公車（搭交通工具、移動中）

Bed
床（寢室）

Bar
酒吧（飲酒的場合）

參考／《靈感》（暫譯，原書名《The Idea Book》，Fredrik Haren著）

 想要激發靈感，
什麼都不要想，試著放鬆就對了。

# 43 放空
## Relax

## 「發呆」可以活化大腦

「我今天放空了一整天，什麼事都沒做。」社群網站上經常可以看到這種動態貼文。對現代人來說，很多都認為「放空」就是「浪費時間」。

各位或許覺得「放空」和輸出無關，事實上，「放空」時間，可以說是優質輸出的必要條件。

在近來的腦科學研究當中，「放空」的重要性已經獲得證實。特別是當什麼事都不做、在「放空」、「發呆」的狀態下，大腦的預設模式網絡（default mode network，簡稱DMN）會活動頻繁。

換言之，預設模式網絡就是「大腦的待用狀態」。在這個待用狀態下，大腦會模擬接下來身體可能發生的事，或是針對過去的經驗、記憶做整理、統合，或是對自己目前的狀況做分析。透過這些各種推想和記憶，在腦內做好「接下來讓自己變得更好的準備」。

美國華盛頓大學研究顯示，當人處於預設模式網絡啟動的發呆狀態時，所耗費的能量，是平時大腦活動的十五倍以上。也就是說，比起大腦活動的狀態，事實上「放空」才是最重要的。

前一節內容提到，在「放空」的狀態下，更容易產生靈感。理由就是因為放空時，預設模式網絡處於活躍的狀態。

預設模式網絡運作的時間一旦減少，大腦前額葉皮質深入思考的功能會跟著低落。最後，造成包括注意力、專注力、思考力、判斷力、記憶力、靈感等想像力在內，所有功能變得低落，也更容易引發大腦的退化。

很多人覺得「放空」太浪費時間，所以一有空，就把時間用來滑手機、玩電玩、看電視。像這樣不斷使用大腦，會阻礙預設模式網絡的運作，導致大腦疲憊，造成腦功能退化。

因此，各位偶爾應該放空一下大腦，什麼事都不要做。

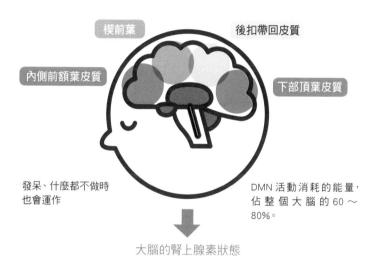

**大腦的預設模式網絡（DMN）**

楔前葉　　　　　後扣帶回皮質

內側前額葉皮質

下部頂葉皮質

發呆、什麼都不做時也會運作

DMN 活動消耗的能量，佔整個大腦的 60 ～ 80%。

大腦的腎上腺素狀態

空閒時別再滑手機了，
讓自己放空，「什麼都不要想」吧。

# 44 靈感 2
## Come Up with an Idea

## 激發完美創意必備的四階段

花三個小時泡澡、放空大腦，就能得到完美的靈感嗎？恐怕不然。「靈感」有所謂的四大階段，必須一步一步來，才能得到最好的靈感。

政治學家威廉·華勒斯（William Wallas）提出的「解決問題四階段」理論，可以直接用來作為「激發靈感」的步驟。

首先第一階段是「準備期」。閱讀大量書籍資料，把想法寫在筆記或小卡上，不斷進行腦力激盪，進行團隊討論，與眼前的問題和課題徹底奮鬥。

接著是第二階段的「醞釀期」。經過徹底思考問題之後，暫時放下問題。也就是休息、放空的意思。可能是幾個小時或幾天，甚至更長的時間。到最後，瞬間就會突然產生「靈感」。

這個階段的過程，就像小鳥孵蛋生出雛鳥的「孵化期」一樣。也就是說，暫時先放下問題，透過不斷醞釀靈感，最後「靈光乍現」。

在醞釀期最重要的，是前一節介紹過的「創意的4B」。經過和問題的全力奮鬥之後，必須讓自己放鬆。這段休息的時間雖然什麼都不用做，不過實際上，大腦的預設模式網絡正活躍運作中，在無意識間針對情報進行重新整理和連結。結果才會產生第三階段的「豁朗期」。

最後，是針對「靈感」是否正確，進行邏輯驗證的「驗證期」。

要想得到靈感，一定要經過醞釀期（放下問題、放鬆自己的時間）。不斷地守在桌子前想破頭，只會阻礙預設模式網絡的運作，永遠不可能激發出真正的靈感。

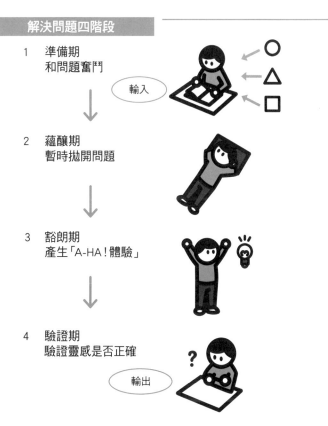

**解決問題四階段**

1　準備期
　　和問題奮鬥
　　　輸入

2　蘊釀期
　　暫時拋開問題

3　豁朗期
　　產生「A-HA！體驗」

4　驗證期
　　驗證靈感是否正確
　　　?
　　　輸出

參考／《記得牢，想得到，用得出來：記憶力、理解力、創造力的躍進術》
（原書名《How We Learn : The Surprising Truth About When, Where, and Why It Happens》，Benedict Carey著）

 全力思考完問題之後，
就放空大腦，等靈感自然浮現吧。

# 45 靈感小卡
## Fill Out a Card

## 激發靈感不可或缺的必備工具：便條紙

我在思考書的內容架構時，有時難免會想不到點子，或是靈感打結。

這種時候我常用的，就是「便條紙」。只要把想到的東西全部寫在便條紙上，意想不到的靈感就會不斷湧現。

「便條紙」可以說是激發靈感和創意時，不可或缺的必備工具。對我來說，少了便條紙，我就無法寫書了。

我常用的便條紙，是百圓商店賣的那種125x75mm的「索引卡」。有「空白」、「5mm方格」、「6mm橫線」及「4色6mm橫線」四款，各位可以選擇習慣的款式。一百張只要一百圓。

我的桌上隨時都會準備「空白」和「5mm方格」兩種，共十包以上，方便隨時可以記錄靈感。平均每次都會用掉約一百張，可以說用量非常大。

有些便條紙的大小和名片一樣，可以寫的空間太小，建議各位選擇大一點的尺寸。

百圓商店125x75mm的「索引卡」

## 【利用便條紙激發靈感的方法】

### （1）盡量寫

舉例來說，假設想寫一本「輸出大全」，希望可以讓內容更充實。這時候，可以從「輸出」這個字開始，將想到的所有東西，全部寫在便條紙上。

盡量寫，大約寫出三十個以上。

### （2）聯想

接著，拿出其中一張寫好的便條紙，從上頭的內容開始做聯想，把想到的寫下來。

例如看著「激發靈感」的便條紙，想到「創意的4B」、「NHK特輯又吉直樹的數據」、「手機會使得創造力變低落」。將這些分別寫在不同紙上。

反覆這樣的步驟。針對一個關鍵字，把想到的內容，什麼都好，包括自己的知識和經驗、過去讀過的書或論文等，像挖地瓜一樣一個接著一個寫下來。在這個階段，重要的是「量」而非「質」。

### （3）寫上一百張

藉著把關鍵字寫在便條紙上，可以讓自己用客觀的角度去審視、思考，進而激發出兩三個「靈感／想法／關鍵字」。同樣步驟不斷反覆進行，直到再也想不出來、腦袋變空白為止。通常差不多寫上一百張，就會覺得「江郎才盡」了。五十張數量稍嫌少了點，還是以一百張為目標比較好。

如果能寫出一百個「靈感／想法／關鍵字」，以寫作一本書的素材來說，可以說綽綽有餘了。準備講座或演講，或是寫企劃書也是一樣，準備好一百個靈感，就足夠寫出相當充實豐富的內容了。

## （4）分類

寫完一百張之後，接下來要依照類別做區分。先把類別名稱寫在一張便條紙上，然後依據相關的內容，將所有便條紙一一分類。

以這本《最高學以致用法》來說，一開始我分成「基本」、「寫」、「說」三個類別。

透過依照類別區分，很多內容會變得更清楚。舉例來說，在本書當中，有些便條紙無法分到「基本」、「寫」、「說」任何一類當中，例如「開始」、「挑戰」、「睡眠」等。這些就必須分成另外一類。

因此，我試著又增加了一個「行動（DO）」的類別，最後完美地將所有剩下的便條紙全數歸類。


## （5）重新分類

假使分類進行得不順利，可以從頭再思考其他的分類方式，重新做分類。這時候，可以用手機先拍下之前的分類結果。

一直反覆這個步驟，直到所有便條紙全部妥善分類完止。


## （6）輸入電腦彙整

等到靈感和架構整理好之後，接下來就是打開電腦，把這些靈感仔細地整理成數位資料。這時候可以善用Word的「大綱」功能。如果覺得整理得不夠好，不妨可以先用手寫的方式，大略在紙上做整理。

以上就是我平常利用便條紙做腦力激盪、激發靈感的方法。

人的大腦，記憶和記憶都是像「地瓜」一樣一個連著一個。換言之，用便條紙來激發靈感，以腦科學來說，也是非常有效的方法。

這種方法真的可以讓好點子如湧泉般浮現，各位一定要試試看。

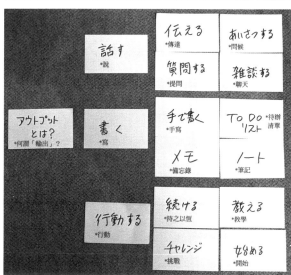

## 利用便條紙激發靈感的範例

本書《最高學以致用法》動筆前的字卡

- 以一百張為目標盡量寫，寫完之後依照
  類別排好
  
  ↓

- 若要重新分類，記得先拍下照片

> 不斷反覆、以一個接一個的方式
> 寫下想到的內容，直到激發出靈感為止

善用便條紙，
可以使「腦力激盪」更有效率。

# 46 做筆記
## Take Notes

### 思考的軌跡，完整保留在筆記裡

說到「寫」，第一個想到的就是「怎麼寫筆記」。做筆記的方法不同，學習速度也會有好幾倍的差異。

市面上關於筆記術的書籍琳瑯滿目，各位可以依據自己的目的和個性，選擇適合的方法實踐。透過這些方法，一步步摸索出最適合自己、能夠將自己的學習提升至最快速、全世界獨一無二的筆記術。做筆記沒有絕對正確的答案，希望各位都可以透過實踐，找到最適合自己的「超強筆記術」。

不過，我想應該很多人會好奇我平時做筆記的方法。因此，接下來就為各位介紹我自己的筆記術。

我不曉得這個方法是否適合各位，不過，這是我使用了將近十年的方法，我想應該有相當程度的完整性。

### （1）全部寫在同一本上

我的筆記本會用來「記錄講座和演講」、「舉辦講座和寫作前的靈感激發」、「記錄會議」、「備忘看完電影的感想等輸出」等。所有東西，全部寫在同一本筆記本。

有些人會將工作和私事分成不同的筆給本，這樣一來，之後想回頭再看時，很可能會忘了當初到底寫在哪一本。因此，我不建議這種作法。

把所有紀錄，依照時間順序，全部寫在同一本筆記本。只要回想當初的日期或大概的時期，很快就可以找到想找的內容。無論是複習或再回頭看，都比較容易。

## （2）選擇適合自己的筆記本

筆記本依照開本、形式、紙質等，分成各種不同的款式。其中我自己愛用的款式是「MD Notebook-Light A4變形／方格」。

之所以選擇A4開本，是因為攤開左右兩頁可以寫的份量最多。每一次瀏覽筆記，我都會再回頭去修改之前的紀錄。

在兩週內複習三次，大腦就會留下記憶。所以我每一次再回頭瀏覽近期的筆記，內容自然會加深記憶。

## （3）內容份量控制在一個跨頁以內

一些基本講座和會議的紀錄，盡量把內容控制在一個跨頁以內寫完。這樣一眼就能掌握所有內容，完成確認和複習的目的。

假使兩頁寫不完，可以改用四頁（加上下一個跨頁）來呈現。

## （4）別把筆記寫在講義上

最糟糕的筆記方法，就是寫在講義或會議資料上。因為要找出一年前的會議資料，幾乎不太可能。而且光是找，就會耗費相當多時間。

關於這一點，只要依照時間順序做筆記，馬上就能從書櫃中找到想要的筆記。就算在講義上做筆記，之後也不可能再拿出來看，無法達到複習、確認的目的，根本只是寫完就丟而已。

## （5）不要寫得過於詳細

有些人參加講座會拚命做筆記，試圖將演講者的每一句話，全部一字不漏地記下來。面對這種人，假使問他問題，會發現很多人根本完全不記得演講內容。

已經知道的事，就不必再做筆記了。把注意力集中在「聽」演講者說話，聽到有所發現、重要的部分，再做筆記就行了。以份量來說，一場兩個小時的講座，差不多是兩頁的筆記。我也經常看完兩個小時的電影，最後寫下一個跨頁的感想和發現。

差不多是一個小時做一頁筆記就夠了。

## （6）寫下三個「覺察」

筆記本裡要寫的，是自己的「覺察」，也就是「A-HA！體驗」。任何改變腦神經迴路的發現、心得，或是覺察等，記得一定要記下來。

演講者所講的內容，可以之後再看資料就好。但是自我「覺察」，三十秒內就會消失。無論是講座和演講，或是閱讀，一切都是為了獲得「覺察」，促使「自我成長」。如果沒有記下「覺察」，自然不會有「自我成長」。

太貪心也不行，以一場兩個小時的講座來說，只要能夠獲得三個覺察就夠了。

## （7）寫下三點「TO DO」

要想改變現實，必須改變行為。也就是說，光只有「覺察」是不夠的。因此，將「覺察」變成「行為」的方法，就是「TO DO」（該做的事）。

以條列式寫下如何將「覺察」，實際運用在日常生活和工作上，成為一份「TO DO清單」。這部分也貪心不得，兩個小時的講座可以寫出三點，就算足夠了。

### 筆記方法範例

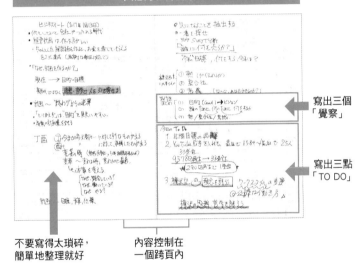

寫出三個「覺察」

寫出三點「TO DO」

不要寫得太瑣碎，簡單地整理就好

內容控制在一個跨頁內

放棄「一字不漏」，
只要寫下「覺察」和「TO DO」就好。

# 47 彙整構想
## Group Ideas Together

### 從透過紙筆「激發靈感」開始

「手機、平板、電腦的功能強大，而且方便」、「不對，如果少了筆記之類的『紙本』工具也不行」……我們經常可以聽到像這樣關於「數位和傳統哪個比較好」的討論。老實說，我覺得這些完全沒意義。

因為「數位」和「傳統」，都有各自的優點。

簡單來說，「抽象的是傳統，具象的是數位。」應該要瞭解各自的優缺點，依照不同需要，選擇最適合的作法。

對於「整理企劃書」或「製作演講資料」等「彙整構想」的情況來說，只要瞭解「數位」和「紙本」使用上的差異，兩者都能提供非常大的幫助。確實區分使用，作業時間甚至可能縮減一半以上。

舉例來說，假設要彙整新商品企劃案。這時候絕對不能一開始就打開電腦，準備開始寫。首先要透過紙筆，寫下所有想到的想

傳統與數位的優缺點

| 傳統作業 | 數位作業 |
| --- | --- |
| 透過動手可以活化大腦 | 不太能活化大腦 |
| 更容易激發靈感（創造力、發想力） | 便於反覆琢磨靈感（具體化） |
| 講求視覺、感覺和直覺 | 講求語言、邏輯 |
| 修正需要花時間 | 可快速修正 |
| 佔空間、笨重，不方便攜帶 | 可儲存在手機和電腦裡 |
| 不見就沒有了 | 隨時都能瀏覽 |
| 不方便共享 | 便於共享 |
| 找過去的東西需要耗費時間 | 可透過檢索快速找出檔案 |

法。如果只有「抽象」的靈感，可以試著用插畫的方式來表現，因此這時候適合的是紙本的傳統作業方式。

等到累積一定的想法之後，接下來就是打開電腦，透過圖表的方式彙整，或是以文字說明新商品的特色及概念等，用具體、詳細的方式來描述。進入這個階段，利用數位工具會比較方便。

也就是說，讓抽象想法做自由發揮的過程，屬於傳統作業；將想法轉化為具體呈現的作業，屬於數位作業。

傳統作業是透過「鳥的眼睛」，概略地俯瞰整體；數位作業是藉由「昆蟲的眼睛」，詳細、縝密地深入進行。像這樣瞭解傳統作業和數位作業的特性，自然會明白自己目前的作業適合哪一種方法。

依循「傳統」→「數位」的順序激發靈感，就能短時間針對自己的構想做清楚、清晰的整理。

**彙整構想的方法**

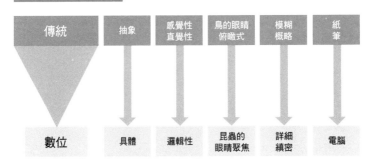

兼具使用數位和傳統作業，
將構想做更淺顯易懂的整理。

# 48 製作簡報投影片
## Make Presentation Slides

## 先確定構想之後，再製作投影片

彙整構想的方法是：「以傳統作業概略地激發靈感，再透過數位作業做縝密的彙整。」這個概念，我想各位應該已經理解。但具體來說，該怎麼做呢？

以一份九十分鐘的新書演講發表會講稿來說，我大概會準備約九十張的投影片，花兩天的時間完成。換成一般人，可能得花上一個星期。

在這裡，我就第一次公開這種只要花兩天就能完成、令人嚇一跳的簡報資料製作術。

各位都是怎麼做簡報資料的呢？應該不是打開PowerPoint，從第一張投影片開始，一張一張地製作吧？

不擅長做簡報的人，應該都是先從PowerPoint的投影片開始製作。

以我來說，通常是最後才使用PowerPoint。我會依照以下三個步驟來準備演講的投影片。

### 【步驟1】運用筆記本激發靈感

首先，先概略地在筆記本上寫下想法，包括要說什麼、想說什麼。既然是激發靈感，就要盡量地寫，想到什麼全寫下來。

以條列式的方式，份量差不多是寫滿A4筆記本一個跨頁的內容，就足夠九十分鐘的長度了。

接著翻到下一頁，將頁面分成四等分。配合時間順序，分配要說的內容。以時間分配來說，依照「右上」、「右下」、「左下」、「左上」的順序，將一開始的二十分鐘、接下來的二十分鐘等要說的內容寫上去。

　　「右上」是開場介紹，「右下」是入門內容，「左下」是應用介紹，「左上」是總結、結論。以這種區分來進行，就能大略做好整理。

　　如果寫不出想法，可以先改用便條紙來寫，接著再整理到筆記本就行了。

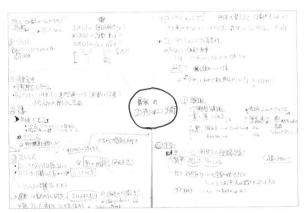

準備「最強訓練術」講座時的靈感激發

## 【步驟2】利用大綱模式決定架構

　　接著，打開Word，從工具列中點選「大綱模式」。

　　「大綱模式」對於「安排目次」和「設定架構」來說，是相當方便的一項工具。如果少了這個功能，我就無法寫書和演講了。

　　「大綱模式」的特色是，可以把第1章、第1節、第1項，以及各自的內容，依照階層做整理。還能輕易地對調順序，例如把「第1節」和「第2節」對調。所以有了「大綱模式」，很快就能決定好整個架構。

　　很多人雖然會用Word，卻不知道有「大綱模式」這個功能。使用「大綱模式」，「決定架構」的時間可以縮短到一半以上，各位一定要試試看。

以九十分鐘的演講來說，我會一頁一頁地準備一共九十頁的投影片。這時候就可以利用「大綱模式」，列出九十行（九十個項目），再分別決定內容。也就是在打開PowerPoint之前，先決定好每一頁投影片的內容。

　　所謂「架構」，就像房子的「設計圖」。懂得運用「大綱模式」安排完整的「架構」（設計圖），絕對可以蓋出完美的房子（簡報）。

### 「大綱模式」運用範例

- ●第1章　輸出的基本法則 16
  - ● 何謂輸出
    - ・定義，基本說明
      - ●「說」和「寫」都是輸出
        - ・輸入指的是「聽」和「讀」
        - ・輸入是「腦內世界」，輸出是「外界的變化」
        - ・實際運用、活用情報。採取行動。
        - ・透過輸出才能改變「現實」
  - ● 輸出的好處？
    - ・輸出可以獲得哪些好處？
    - ・留下記憶、自我成長、改變人生
  - ●【輸出的基本法則】1
    - ● 兩週內複習三次，就能留下記憶
      - ・用不到的情報全都會忘記（海馬迴法則）
      - ・【大腦】解釋海馬迴的運作方式
  - ●【輸出的基本法則】2
    - ● 成長的螺旋梯
      - ・透過反覆輸入和輸出，可以促使人成長！
      - ・愈「成功的人」持續「輸出」習慣的原因

本書寫作之前所舉辦的「最強訓練術」講座的實際架構。在製作投影片之前，先像這樣利用「大綱模式」安排架構。

### 【步驟3】使用PowerPoint製作投影片

　　待整個架構決定好之後，總算要開始用PowerPoint來製作投影片了。這時候只要依據大綱，一頁一頁製作就行了。

在製作的過程中，不必煩惱「不知道下一頁要寫什麼」，因此接下來就只是專心製作投影片而已。

這個步驟與其說是「思考性的作業」，其實是只要動手就好的「活動性作業」。

真正的重點在於，把「架構」和「製作投影片」兩個工程完全分開。因為邊做投影片邊想「接下來要寫什麼」，就是造成浪費時間的最大原因。

事實上，我在十年前，準備一份九十分鐘的投影片，也是要花上一個星期的時間。不過，自從後來我研究出這個「三步驟投影片準備術」之後，準備時間已經可以縮短到三分之一以下了。

只要把「激發靈感」、「架構」、「製作投影片」全部分開進行，各位準備投影片的時間也能大幅縮短。

## 三步驟投影片準備術

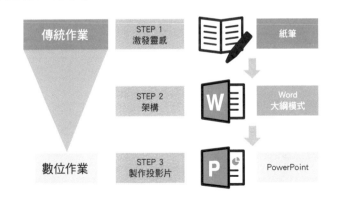

| 傳統作業 | STEP 1 激發靈感 | | 紙筆 |
| 數位作業 | STEP 2 架構 | | Word 大綱模式 |
| | STEP 3 製作投影片 | | PowerPoint |

先想清楚要傳達的內容，
接著再進入具體的作業。

# 49 寫白板
## Write on a White Board

### 討論意見最適合的工具

有人會問，做簡報時，投影片和白板，哪一個比較適合？這兩種各有優缺點，可以依照目的分開使用。或者，也可以以投影片為主要呈現，部分內容使用白板。

白板最大的好處，是可以提高專注力。在原本什麼都沒有的地方寫上文字，不管願不願意，這個舉動都會引起注意。另外，投影片只是單純地放映，因此雖然大家看似有注意到，其實很可能根本漏看了。

如果把底下參加者的意見和問題寫在白板上，簡報會頓時轉變成「參與型」，參加者也能變為「主動」。如果是投影片，簡報模式就是底下只要聽就好的「聽講型」，參加者只是「被動」。

## 白板和投影片哪個比較方便？

| 白板 | 投影片 |
| --- | --- |
| 提高專注力 | 容易分心 |
| 參與型、交流型 | 聽講型 |
| 主動型 | 被動型 |
| 臨機應變、即興 | 事前準備 |
| 提出意見、統整 | 單方面地聽講 |
| 會議、研習會、適合激發想法 | 適合演講、講座 |
| 必須花時間寫 | 可在短時間內傳達大量情報 |
| 情報量較少 | 情報量大 |
| 團隊、群體 | 一對多 |
| 適合人數少 | 適合人數多 |
| 共享輸出的工具 | 傳達情報的工具 |

　　像會議和研習會這種參加者共同提出意見，大家一起討論，最後做出結論的形式，就非常適合使用白板。

　　另一方面，白板的缺點，是需要花時間寫。以結果來說，時間內可以傳達的情報量不如投影片。又或者，假如參加者有一百人，坐在後面的人根本完全看不到白板，因此只適合人數少的場合。

　　以結論來說，人數少的會議和研習會等這種大家熱絡地共同提出意見和想法的場合，白板可以發揮極大的功效。只要把它當成「把參加者的輸出，當場做共享的工具」來思考，而非輸出工具，就能活用在各個場合中。

### 利用白板連接參加者的大腦

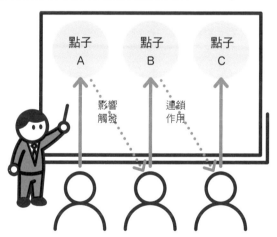

參加者的輸出可彼此共享

「參與型」的場合，
可多多活用白板。

# 50 引用 1
## Quote

## 大幅提高說服力的「引用」魔法

　　既然要寫有說服力的文章，當然少不了「引用」的技巧。各位可以參考我每一本著作的最後一頁，無論哪一本，一定都引用了約三十本左右的參考書籍。

　　寫企劃書或做簡報時，適當的引用，可以大幅提升內容的說服力、真實性和可信度。然而，多數的人平時幾乎不太會想到「引用」，因此「引用」的技巧都非常拙劣。

　　引用要用得好，有以下四個訣竅：

### （1）標明引用出處

　　如果是引用書或論文的內容，請一定要標明出處。如果沒有標明，有時候會觸犯著作權法。很多商管書實際上都沒有標明引用出處，嚴重損及內容真實性。因此，如果要引用，一定要標明出處。

### （2）借用專業

　　透過標明大學、機關、雜誌等專業的引用出處，例如「根據哈佛大學的研究」、「根據《Nature》雜誌所刊載的論文」、「根據厚生勞動省的研究」，可以大幅提升內容的真實性。

　　舉例來說，以引用同一份研究來說，「根據某項研究」和「根據哈佛大學的研究」，寫出具體大學名稱的作法，以閱讀者的印象來說，可信度提高好幾倍以上。

### （3）標出正確的數字

　　從原始內容中直接引用具體數據，可信度會比較高。例如要寫

「可達32.3%的效果」，而不是只寫出「可達30%的效果」。一旦簡略，給人的印象也會跟著變模糊。

## （4）平時多蒐收集引用資料

有時候在製作簡報資料時，想加入一些引用，卻始終找不到適合的論文，或者是花非常多時間在找。為了避免這種情況，平時必須多蒐集可作為引用的資料。

在自己的專業領域中，從每天的報紙和網路報導，將以後可以作為引用的內容，全部記錄下來。這樣一來，突然需要用的時候，就能很快地做適當的引用。

引用的工夫，是簡報、同時也是輸出的基本能力。請各位平時就要養成「引用」的習慣。

### 正確引用的四大訣竅

①標明引用出處

②借用專業

哈佛大學　厚生勞動省

○○學會　△△研究所

③標出正確的數字

× 約 30%
◎ 32.3%

④平時多蒐集引用資料

隨時保持敏銳的雷達，
搜尋總有一天用得到的引用資料。

# 51 引用 2
## Quote

## 透過專業工具，尋找適當的引用

當你想找論文和資料來佐證自己的想法時，會怎麼做呢？

很多人會利用Google，這是最愚蠢的作法。因為Google只會顯示一些真實性低的網站和部落格文章，很難找到真正真實性高的論文。

因此，以下就為各位介紹一些科學研究者或專業作者常用的專業工具，方便各位尋找可作為引用的論文和資料。

### （1）Google Scholar（Google學術搜尋）

如果想用Google找論文，一般的Google搜尋引擎是找不到的。Google有個可以專找論文的特別功能，就是「Google Scholar」。「Google Scholar」會從一般Google搜尋到的資料當中，只擷取學術論文、學術雜誌、出版品來顯示。

根據我對來參加我的講座的人所做的調查發現，知道「Google Scholar」的人只有15%。寫過碩博士論文的人或許知道，但除此之外，大家幾乎都不知道這項功能。

### （2）Google Books（Google圖書）

如果想為了提高真實性而引用「書籍」，建議可以利用「Google Books」。透過「Google Books」，可以對書的全文內容做檢索。

這也是Google的公開功能之一，但知道的人卻非常少。根據我對來參加我的講座的人所做的調查，知道的只有4%。

舉例來說，如果想找支持「有氧運動可有效預防認知症」說法的引用資料，只要在「Google Books」裡輸入「預防認知症　有氧運動」，結果就會顯示一大串有提到相關內容的書。

這時候，我們可以免費瀏覽到資料所在頁數的前後幾頁內容。當然，不可能看到全書內容。

另外，並不是所有的書和每一頁，都能成為檢索對象。各位可以把「Google Books」當成一種搜尋功能，可以知道有哪些書提到自己感興趣的內容。對於推斷「引用資料」來說，我想應該非常夠用了。

### （3）PubMed

「PubMed」以美國國立醫學圖書管所提供的醫學文獻為資料庫，將所有生物醫學和生物科學相關的英文論文，全部轉成電子資料。這對醫學研究人員來說，是必備的檢索工具，也是醫生和研究人員必要的工具。不過一般人幾乎不知道。若想找醫學論文，「PubMed」絕對是必要的工具。

知道以上這些專家常用的檢索工具，萬一突然需要的時候，就能從中找到適當的學術論文來引用了。

---

### 尋找論文和資料的三大推薦工具

- Google Scholar　https://scholar.google.co.jp/
  從 Google 的搜尋結果中，只顯示學術論文和學術雜誌

- Google Books　https://books.google.co.jp/
  可對全書內容進行搜尋

- PubMed　https://www.ncbi.nlm.nih.gov/pmc/
  將所有生物醫學和生物科學的英文論文資料化

---

 掌握專業的網站，
幫助獲得真實性高的情報。

# 52 摘要
### Summarize

## 用 140 個字鍛鍊「摘要能力」=「思考力」

很多人應該都對整理重點，也就是對做「摘要」感到不擅長。

擅長掌握對方想法或想說的意思，進行統整，並換個方式表達——這樣的人，通常溝通能力都很強，做起事來也相當迅速。由於能夠精準掌握想法，因此也很少發生疏失或誤解的狀況。摘要能力，也可以說是上班族必備的能力。

不過，話雖這麼說，「摘要」其實相當困難，必須經常練習。要想透過練習提高摘要能力，建議可以玩推特。

推特一次只能寫140個字，任何想說的話，全部都必須濃縮在140個字以內。這項限制，正好可以當成訓練。

各位可以看完書或電影之後，把內容或感想做成摘要，貼到推特上。透過每天這麼做，摘要能力將會大大地提升。由於只有140個字，一開始可以要求自己要在五分鐘之內完成。

如果覺得寫自己的感想很難，也可以只是簡單的「摘要」。例如書的內容摘要、電影的故事摘要等。

140個字說長不長、說短不短，可以表達的內容意外地非常多。但是，如果拖泥帶水，一下子就會超出字數。對摘要來說，140可以說是個絕妙的數字。

一開始應該很難濃縮在字數內。這種「難度」，就是訓練的最好證明。

摘要也是一種解讀力的訓練。國語不好的人，透過摘要練習，成績可以有所提升。解讀力好的人，思考能力也很好。

也就是說，透過摘要，還能鍛鍊「思考力」。摘要可以說是大腦最好的訓練。

 **摘要範例（摘自我推特上的實際貼文）**

精神科医 樺沢 紫苑
@kabasawa

看了一部撼動人心的電影《#大娛樂家》。原以為是實現偉大夢想的故事，結果並不是，而是關於「發現身邊的幸福！」。主題直戳人心。對人性的絕對肯定。最強大的正向思考。幸福的必備條件是：人和夥伴。以及有人和夥伴在的地方。哭了五次。

精神科医 樺沢 紫苑
@kabasawa

電影《#郵報》太好看了！一旦揭露國家機密文件，便面臨公司破產和被逮捕的危機。即便付出這些犧牲，也應當維護「新聞自由」而阻止越戰嗎？被迫做出最終選擇的《華盛頓郵報》發行人凱瑟琳的抉擇令人感動。不可動搖的抉擇果然重要。

精神科医 樺沢 紫苑
@kabasawa

常去 #湯咖哩店「らっきょ＆Star」（綱島店）。每次去都是點「菇類起司酥皮湯咖哩」。挖開酥皮，辛香氣味瞬間爆發！濃郁得沒話說。蔬菜果是好吃，香菇和起司的搭配也很棒。超滿足的一道料理。

精神科医 樺沢 紫苑
@kabasawa

「如今先進國家出生人口的一半將會活到105歲以上」這是真的嗎！《LIFE SHIFT》讓人大受衝擊。我非常渴望100歲時代的到來，只是若不改變現在的工作和生活方式，將來會非常辛苦，畢竟不是每個人都能快樂迎接100歲的到來。#lifeshift

精神科医 樺沢 紫苑
@kabasawa

來到睽違已久的 #上海。這裡發展速度十分驚人！地鐵不但新穎、乾淨，而且班次多。街道上完全沒有垃圾！億萬毫宅四處林立，街上到處都是購物中心。東西好吃，只是物價水準幾乎等同日本。雖然人口多達2500萬，都市機能卻十分齊全。去過就會明白，#中國 實在令人欽佩。

精神科医 樺沢 紫苑
@kabasawa

《#親切有助於大腦》（Sunmark出版）。擁抱等身體接觸會促使人分泌愛的荷爾蒙 #催產素。書中從腦科學的角度提出有力的分析，說明「親切」也能促使催產素的分泌。親切→免疫力提升→罹病風險降低→活得久。一本強烈激發每個人親切動力的書。

 聊聊看完書或電影的感想，作為摘要能力的訓練。

# 53 設定目標
## Set a Goal

## 設定具體的「實現目標」

我想，應該很多人覺得「目標一點也沒有實現」。這是為什麼呢？

這其實是因為表達目標的方式不好的緣故。同樣一個目標，也有「會實現的表達方式」和「不會實現的表達方式」。

舉例來說，「我要減肥！」就是一種絕對不會實現的表達方式。如果換成「我要在三個月內瘦下兩公斤！」，這就是會實現的表達方式。

以下就以腦科學為基礎，介紹設定「實現目標」的方法。

### （1）將難易度設定在「稍微困難」的程度

有些人以為「目標愈難愈好」，其實完全錯誤。例如就算設下「三個月內瘦下十公斤」的目標，在心裡應該會告訴自己「反正不可能辦到」。

以腦科學來說，「太難達成的目標」，不會刺激多巴胺的分泌。多巴胺是動力的來源，也是達成目標不可或缺的腦內物質。

目標設定得太難、太簡單，或是必須拚命努力才勉強可以達成，這些都會刺激多巴胺大量分泌。稍微有點難、不怎麼簡單的課題，我稱為「稍微困難」。

舉例來說，電玩如果太簡單，玩起來很無聊；如果三秒鐘就被殺，就難易度來說也不怎麼好玩。「稍微困難」才是最刺激、最好玩的。

假設是「三個月內瘦下兩公斤」，可以算是「拚一下應該可以做到」的難易度。最重要的是，根據自己過去的經驗、實際成效等，將目標設定在必須非常努力，才有可能勉強達成的地方。

### （2）設下期限

「我要瘦下兩公斤！」這樣的目標，應該永遠都不可能達成。是三個月後嗎？一年？還是十年？沒有期限的目標，一點意義也沒有。

人只要受到時間限制，就會充滿動力。相反的，如果沒有時間限制，就完全提不起勁。設定目標時，記得要設定時間或期限。這種精神上的壓力，會刺激大腦分泌正腎上腺素（提高專注力的物質）。

另外，在時間限制內，只要完成一小部分目標，就給自己一點「犒賞」。如此就能刺激多巴胺（提高動力的物質）的分泌。也就是說，透過設定期限，可以提高專注力和動力，達到實現目標的目的。

### （3）加上「TO DO」

目標設定得再好，若是問對方「實際要怎麼做」，有些人卻完全答不上來。沒有轉換成「TO DO」（該做什麼）的目標，根本無法採取行動。「TO DO」所指的就是具體的行動。

每天大喊一百次「我要在三個月內瘦下兩公斤！」，體重絕對不會有任何變化。相反的，像是「不吃點心」、「晚上九點過後不

---

**把「不會實現的目標」換成「會實現的目標」**

| | |
|---|---|
| 減肥 ➡ | 三個月內瘦下兩公斤 |
| 養成運動習慣 ➡ | 每週上兩次健身房<br>每次進行兩小時以上的運動 |
| 努力工作 ➡ | 擠進全公司業績前五名 |
| 成為有錢人 ➡ | 40 歲之前賺到 1 億圓 |
| 出國 ➡ | 利用今年暑假到夏威夷玩五天 |
| 看許多電影 ➡ | 每個月看十部電影 |

吃東西」、「每個星期上兩次健身房，每次做一個小時以上的有氧運動」等，這些具體的行動，就是「TO DO」。

### （4）找到客觀評價的方法

無論是目標或「TO DO」，要判斷是否達成，都必須透過第三者給予客觀評價。舉例來說，假設立下「我要減肥！」的目標，經過三個月，最後「瘦了0.5公斤」。

這樣的結果，算是成功或失敗呢？自己可能覺得「有努力就算成功」，但你的朋友或許會說「只有0.5，算不上成功瘦身」。

如果沒有辦法獲得評價，就不會有反饋。也就是無法有所改善和修正。而且，如果沒有明確的結果，大腦的犒賞物質多巴胺就不會分泌。也就是說，沒有辦法維持鬥志繼續下去。

假設目標是「三個月內瘦下兩公斤」，只要正確地測量體重，無論誰說什麼或怎麼想，成功或失敗自己心知肚明。

### （5）分成小目標

目標太大，「達成度」和「進步程度」就很難掌握。因此，應該把「大目標」分成「小目標」，定期檢視、評價，給自己進行反饋。

舉例來說，以「三個月內瘦兩公斤」的目標來說，「兩個星期瘦350公克」就行了。假設每兩個星期檢視成果，發現沒有達到目標，就要思考「原因」和「改善方法」。如果達成，也要思考「成功的理由」和「讓下一次做得更好的想法」。這時候，只要達成目標，多巴胺就會分泌，為自己帶來滿滿的鬥志。

就算心裡想的一樣，但隨著目標的表達方式不同，有些會實現，有些不會實現。只要把表達方式從過去「不會實現的目標」的說法，改成「會實現的目標」的說法，你的目標絕對會變得更容易實現。

## 實現目標的五大原則

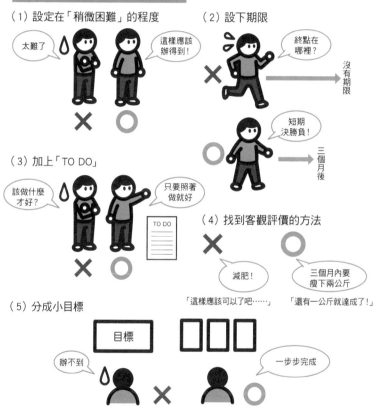

（1）設定在「稍微困難」的程度

太難了

這樣應該辦得到！

✕　○

（2）設下期限

終點在哪裡？

沒有期限

✕

短期決勝負！

三個月後

○

（3）加上「TO DO」

該做什麼才好？

只要照著做就好

TO DO

✕　○

（4）找到客觀評價的方法

✕　○

減肥！

「這樣應該可以了吧……」

三個月內要瘦下兩公斤

「還有一公斤就達成了！」

（5）分成小目標

目標 □□□

辦不到

✕

一步步完成

○

把寫在記事本裡的目標，
換成「可實現的目標」吧。

# 54 實現目標
## Achieve a Goal

### 把目標烙印在腦中,向大眾公開

各位是否也有經驗,年初訂下「年度目標」,到後來卻忘得一乾二淨。

寫下目標不過是實現的第一步,寫完之後,還有幾件事一定要做到。

#### (1)每天再回頭檢視目標

目標必須不斷回頭檢視,透過這樣,才會發現「自己完全沒有做到!」,進而提起動力再繼續努力。

以我來說,我把年度目標,貼在每天隨身攜帶的記事本的第一頁。也就是說,每天一翻開記事本,就會確認一次自己的目標。

可以說幾乎要把目標烙印在腦子裡為止。如果不這麼做,目標不會實現。透過不斷確認、檢視,可以把目標烙印在腦幹的網狀激活系統(RAS),大腦就會下意識地搜尋有助於實現目標的情報,增加實現的機會。

#### (2)宣告自己的目標

把目標藏在心裡,不可能會實現。因為,目標最好要公開宣告比較好。

舉例來說,就算訂下「三個月內要瘦下兩公斤」的目標,假使身邊的人不曉得,就會對你提出惡魔的邀約,例如「要不要去吃拉麵?」「要不要去吃蛋糕?」。如果對身邊友人宣告自己的目標,這些邀約就會減少,甚至還會提供協助。

以結果來說,公開宣告目標的作法,可以提高實現的機率。自己也會因為公開目標,把自己逼到「萬一做不到就丟臉了」的狀態。

心理學上稱此為「公開承諾」。一般認為，目標最好公開宣告，實現的機率比較高。

## （3）定期做反饋

目標必須定期針對達成度進行檢討，例如「目前完成到哪個地步了？」。以時機點來說，最好的是月底。利用月底的最後一天，檢視自己目標達成的狀態。多數的狀況，應該都是「尚未達到」當初訂下的進度，這時候，就要思考沒有達成的原因或理由，找出應對方法。

如果有增加新的「TO DO」項目，就加到下個月的進度表中。

我為自己設定了「每個月看二十本書」、「每個月看十部電影」的輸入目標。然後在每個月月底的電子報中，公開自己每個月的達成度，例如這個月看了哪幾本書、哪幾部電影等。

透過這樣公開宣告目標、發表中途的過程，可以提高緊張感，推著我往實際達成目標前進。

### 公開宣告目標，可提升實現的機率

我三個月內要瘦下兩公斤！

三個月瘦下兩公斤

寫在記事本或紙上，每天確認

3ヵ月で2キロやせる！

公開在社群網站上更容易獲得支持

想實現的目標，
不要藏在心裡，大膽地說出口吧。

# 55 撰寫企劃
## Write a Proposal

### 平時先盡量蒐集企劃點子

　　撰寫企劃是相當辛苦的一件事。甚至，想辦法讓企劃在會議或比稿中獲得通過、進而實現，真的很難。我身為一個出版相關者，對「撰寫企劃」有相當的堅持和要求。所以接下來，我想跟各位分享撰寫必勝企劃的一些訣竅。

#### （1）從傳統進入數位

　　決定「來寫企劃書吧！」之後，各位會怎麼做？馬上打開PowerPoint或Word開始寫？這樣是幾乎不可能寫出東西的。

　　激發靈感的基本作法，是從傳統進入數位。先利用紙筆或便條紙，或者，如果是團隊一起進行，就利用白板等，邊動手邊「寫」。少了這一步傳統作業，不可能激盪出好的點子或企劃。

　　等到累積了各種點子，或是大約七至八成的素材之後，再透過數位方式深入細節部分琢磨，完成企劃。換言之，撰寫企劃的第一步，是從「動手寫在紙上」開始。

#### （2）平時就開始寫

　　多數人之所以不會寫企劃案，都是因為「很少有機會寫」。對於每個月都要寫企劃案的人來說，應該對「把自己的點子彙整成完整的企劃」感到樂在其中才對。

　　我平時只要一想到「可以寫成書的有趣點子」，就會整理成企劃案。趁著還沒忘記之前，將概念化成具體的企劃保留下來。寫完之後就放著不管，不會特地拿給誰看。

　　過了一兩個月之後，再回頭以客觀的角度重新檢視。如果覺得「果然不錯！」，就證明真的是個好的企劃。如果是不好的企劃，

隨著時間經過，會漸漸覺得「缺乏新意」。

養成習慣平時多寫企劃，事先準備好企劃案的儲糧。等到突然被要求要提出企劃時，再從中挑選好的企劃，重新回顧、複習一下，就能提出。

我的電腦裡，隨時都存放著約二十份沒有人讀過的出版企劃。

### （3）平時就盡量蒐集企劃點子

被上司要求提出企劃後，開始蒐集點子、尋找靈感，最後突然靈光乍現，想到好的創意。這種情況，除了具備相當創意的人以外，我想對一般人來說，都是不可能的。

我自己花了一年以上的時間，每天不斷蒐集企劃點子、有用的情報和新聞等。

這意思就是，兩年後想出版的書，從現在開始，花一年左右的時間蒐集「點子／靈感」。由於花了這麼多時間蒐集想法，最後才能完成豐富的完美企劃。

在每天瀏覽的新聞、部落格、書報、電視當中，散落著許多可以作為「好企劃」的「點子／靈感」。平時就將這些一一撿起來蒐

平時隨時蒐集「企劃」，
需要的時候就能交出「完美企劃」

集好，等到突然要「撰寫企劃」時，就會非常好用。


### （4）進行小規模的實驗行銷

當企劃實際變成商品上市後，如果深獲消費者好評、瞬間熱賣，可以說就是個「好企劃」。

那麼，假使在事前就知道商品會熱賣，或是可以搭時光機到未來看見結果，就能寫出確定會成功的企劃。這種跟做夢一樣的好事……確實存在！

各位不妨可以針對企劃，事先進行小規模的實際體驗。例如製作樣品，請網路上的消費者試用等。就算規模超小也沒關係。只要有行銷數據，就能清楚知道企劃的好壞。

舉例來說，我在開始寫這本《最高學以致用法》的前幾個月，舉辦了一場主題為「輸出力養成講座」的研習會。人數僅限一百名，不到三天就額滿了，是有史以來最搶手的一場研習會。這個結果讓我十分驚訝。

這代表，「想學會輸出技巧」的人非常多。這就是小規模的實驗行銷。

另外像是把自己企劃相關的內容寫在部落格上，觀察點閱人數，也是一種實驗行銷。做到這個地步，最後的企劃結果就不會有太大的意外了。


至於實際撰寫企劃的詳細方法，依照職業別和公司不同，格式和份量也不盡相同，在此無法逐一說明。市面上有很多針對各別寫法和理論的工具書，各位可以選擇參考。

不過我認為，企劃書這種東西，在開始寫之前，也就是根據平時的準備，幾乎就已經成定局了。平時不斷反覆進行輸入和輸出，盡量蒐集「點子／靈感」，一定可以寫出好的企劃來。

**企劃書範例**

---

## 企劃書

**■書名　（2行）**

海盜心理學——時下《航海王》與龍馬風潮背後的心理學原因

**■企劃概要　（8行）**

以海盜為題材的漫畫《航海王》掀起一股海盜風潮。當今《航海王》之所以大受歡迎，是因為在心理學上，「海賊」象徵著「父性」。如今的社會講求強壯的父性，因此，以父性形象的坂本龍馬為描寫的《龍馬傳》才會造成廣大的迴響。當今時下流行「草食系男子」的說法，軟弱的男性愈來愈多。本書將以草食性男子所熟悉的漫畫、動畫、電影等為題材，帶領讀者深入思考「父性」的意義，重拾父性形象＝強壯男子。

**■作者名　（1行）**

樺澤紫苑（Shion Kabasawa）

**■作者簡介　（8行）**

精神科醫師，作家。透過訂閱數15萬人的電子報，以及追蹤人數9萬人的推特，合計每天向23萬人傳遞精神醫學與心理學的資訊。同時也是個影評人。創辦日本第二大的電影電子報「電影裡的精神醫學」，熟悉電影、動畫、漫畫等次文化，於雜誌《安心》裡主筆影評專欄。著有《超神奇！腦內物質工作術》、《原來Gmail可以這樣用》、《億萬富豪的心理戰術》、《星際大戰　完全解讀》與其他四本。

**■目標讀者群　（3行）**

對本書提出的《航海王》、《新世紀福音戰士》、「龍馬傳」等感興趣的20～30歲讀者，或是40～50歲的男性。亦即所謂的草食男。

**■架構企劃　（7行）**

第1章：彼得潘為什麼要對抗虎克船長？海盜的心理學意義【超越父性】
第2章：《星際大戰》裡的韓索羅比路克、天行者受歡迎的原因【對父性的憧憬】
第3章【父性】：《神鬼奇航》受歡迎的原因？【父性的普遍性】
第4章【父性】：《大法師》中的少女為什麼會夢見「海盜」【父性與心理的安定感】
第5章【父性】：「龍馬傳」風潮的心理學原因【逃犯和父性】
第6章【父性】：動漫《新世紀福音戰士》擁有死忠粉絲的原因【對恢復父性的渴望】
第7章【父性】：不想再被叫做草食男【獲得父性】

**■類似書籍**：相似主題有《父性的復權》（中公新書）

**■格式**：四六版，180頁　交稿期限：2個月

---

這份企劃書完成後經過一年四個月，我以這份企劃出版了《父親的消失：電影裡的現代心理學分析》（暫譯，原書名《父親はどこへ消えたか》）。

一旦確立自己慣用的「企劃書格式」，只要一有企劃點子，馬上就能整理成完整的企劃書，非常方便。

比起「寫」，
多花點心力在「尋找可以寫的點子」吧。

177

# 56 繪製插圖
## Illustrate

### 與其「口頭」說明，不如用「口頭＋圖片」說明更有效

　　繪製插圖等利用「視覺」來說明，可以幫助理解，而且更容易記住。

　　有一項實驗，針對某件事向受驗者說明，七十二小時後測驗受驗者還記得多少。結果發現，「口頭說明」最後只記得10%。相對的，「配合圖片說明」的記憶高達65%。也就是說，比起口頭說明，利用視覺的效果可達六倍以上。

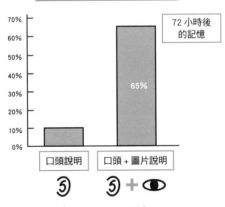

（Mc Graw・Hill, 1983）

　　在另一個研究當中，以每十秒一張的速度，讓受驗者看完兩千五百張圖片，接著花好幾天的時間，讓他們記住每一張圖片，直到幾乎記得90%以上為止。一年之後再測驗，記憶竟然還高達63%。

比起文字，圖片更能留下記憶。以視覺的方式輸入，可以幫助更容易理解，提高想起的可能。這在心理學稱為「圖優效應」（Picture Superiority Effect，簡稱PSE）。

**視覺情報和記憶的關係**

| 90% | 60K | 80% | 400% |
|---|---|---|---|
| 大腦的九成活動都用在處理視覺情報 | 大腦處理視覺情報的速度，是文字的六萬倍 | 人的八成記憶，全是視覺記憶 | 透過活用視覺情報，學習速度可提高四倍 |

口頭說明屬於聽覺情報，大腦必須先轉換成文字情報，因此在處理和理解上，會花比較多時間。

相對的，視覺情報和文字情報是不同的情報處理途徑，會直覺性地瞬間獲得處理。所有生物當中，有能力處理文字情報的只有人類，但幾乎所有高等生物，都有視覺情報處理的能力。因為假使無法瞬間處理視覺情報，就會被敵人殺死。

視覺情報的處理，是一種直覺性且瞬間的情報處理能力，因此速度非常快。相反的，文字情報的處理屬於相當精密的處理能力，所以比較費時。

因此，與其只透過文字情報，配合視覺情報一起說明，在情報的傳達上會更有利。要想讓人理解，繪製插圖、以圖像方式來說明，可以說是不可避免的方法。

 想說明的事情，
就透過圖片來解釋吧。

# 57 發送 e-mail
### Send an E-mail

## 一早收發 e-mail 的時間，控制在五分鐘內

E-mail這種東西，是一種必須當下馬上處理的做事工具，也是溝通的工具之一。

另一方面，e-mail的使用方法和寫法，除了一部分的企業研習之外，幾乎無法從他人身上獲得學習。因為很多人的方法明顯都是錯誤，或是缺乏效率。

E-mail用得好，每天可以減少三十分鐘以上的浪費時間。以下就為各位介紹聰明使用e-mail的方法。

### （1）別在一開始工作時收發e-mail

從時間管理的觀點來看，對上班族來說，最大的時間浪費，我認為就是「上班第一件事就是回信」。

「早上」是一整天專注力最好的時間。利用這個時間完成多少高專注力的工作，決定了一整天的成效。

收e-mail是「最不需要專注力的工作」之一，利用休息時間也能做。因此，如果一早花三十分鐘收發e-mail，可以算是非常大的時間損失。

不過，由於還是會有緊急事務需要處理，也不能完全不收e-mail。所以，一早收e-mail的時間，最好控制在五分鐘以內。先專心工作一兩個小時，之後再邊休息邊收就好。

### （2）集中收信

我認為大部分的人，檢查信箱收e-mail的次數都太多了。我自己大概都是三個小時收一次，一天分成數次。很多人都是三十分鐘，甚至十五分鐘就收一次，根本就是浪費時間。

　　除非正在等相當緊急的e-mail，或者主要工作是透過e-mail，否則應該沒有必要一天收信十次以上。

## （3）「當下」立即回信

　　明明一直頻頻收信，卻不知道為什麼，這些人回信總是特別慢。既然拖到最後才回信，不如一開始就別急著收信。

　　「之後再回信」，就必須再一次點開信件重讀，等於浪費兩倍的時間。

　　各位不妨養成習慣，同一封信不要開兩次，信件一旦點開，當下就完成回信。

## （4）讀完信馬上回覆已讀訊息

　　如果收到信之後，花了一天以上才回信，會給對方留下「回信太慢」的印象。不過，有些時候確實需要思考怎麼回信，或是做些確認，不可能馬上就詳細回覆。

　　這種時候，可以當下先回覆對方「我會在三天內給您詳細回覆」或「請讓我考慮到明天」、「等負責的同事回來之後，會再給您回覆」，之後再詳細回覆。

---

### 聰明使用 e-mail 的方法

① 別在一開始工作時收發 e-mail

② 集中收信

③ 「當下」立即回信

④ 讀完信馬上回覆已讀訊息

⑤ 尊重對方的時間

⑥ 把 e-mail 和手機訊息分開使用

---

E-mail最大的缺點，就是無法得知對方是否已讀。如果可以先回覆已讀訊息，對方肯定也會比較放心。

## （5）尊重對方的時間

大部分的人，都是依照自己的時間方便來收發e-mail，沒有考慮到「對方的時間」。

以我來說，會考慮「對方是否急著想收到回信？」，如果是，就先優先處理。或者，假如我沒有回信、對方就沒有辦法做事的情況，我也會優先回覆。

只要懂得「尊重對方的時間」，彼此往來e-mail就可以保持心情愉快了。

## （6）把e-mail和訊息分開使用

除了e-mail，透過社群媒體的訊息，也是聯絡方法之一。

透過訊息聯絡的好處很多，例如可以知道對方是否已讀，甚至是讀取的時間。但如果當成工作上的聯絡方式，也會造成不必要的困擾。

E-mail和訊息各有優缺點，必須懂得分開使用，適合用e-mail的時候用e-mail，適合用訊息的時候用訊息。最重要的，是根據情況臨機應變使用。

很多人都花了太多時間在收發e-mail。希望各位都能學會有效率的e-mail用法，用最少的時間，達到最大的功效和溝通。

順帶一提，我每天花在收發e-mail的時間，前後加起來都控制在十分鐘以內。

## e-mail 和訊息各自的優缺點

|  | e-mail | 訊息 |
|---|---|---|
| 溝通關係 | 深入 | 相當深入 |
| 作為工作使用 | 方便 | 不方便 |
| 檢索功能 | 完善 | 缺乏 |
| 發送對象 | 所有網路使用者 | 僅限社群網站會員 |
| 到達率 | 有時候收不到 | 100% 收到 |
| 已經確認 | 無法得知 | 可即時得知 |
| 被遺漏的機率 | 高 | 低 |
| 回信 | 慢 | 相當快速 |
| 同時聯絡多人 | 不方便 | 相當方便 |
| 開場問候 | 必要 | 不需要 |

只要能發揮各自優點，就能在最短時間內順利地達成溝通。

點開e-mail→立即回信，
做到最有效率的溝通。

# 58 以愉快的心情書寫
## Use Favorite Stationery

### 大方投資可促使自我成長的「夥伴」

各位在一整天當中，花在「寫」的時間有多少呢？如果加上電腦和手機的打字輸入，相信很多人應該都花非常多時間在「寫」這件事上面。換言之，如果可以用愉快的心情度過「寫」的時間，每天都會非常開心。

要想開心地書寫，內容也很重要。不過事實上，重視「書寫工具」，可以更輕易、且立即見效，讓每天的書寫時間變得更快樂。具體來說，傳統文具就是紙和筆。如果是數位裝置，就應該講究滑鼠和滑鼠墊。

舉例來說，如果是原子筆，我平時只會使用0.7mm的「Surari」（斑馬）或「Acroball」（百樂）。以寫起來順暢的「Surari」為主，如果想加重筆壓、但依舊保留滑順筆觸的時候，就改用「Acroball」。

之所以堅持用這兩款原子筆，是因為經過我到大型文具店試寫了店裡所有種類的原子筆、徹底比較之後，發現對我來說，比起「水性原子筆」，「油性原子筆」更適合我。當中又以「Surari」和「Acroball」寫起來最順手。至於粗細度，不是0.5，也不是1.0，而是0.7最適合。

可以用和思考一樣的速度流暢書寫，是相當過癮的一件事。用自己喜歡的筆書寫的瞬間，可以感受到十分「舒暢」、「開心」、「暢快」，無論是工作或激發靈感，都能下筆如有神助。

人感到「開心」時，大腦會分泌出幸福激素多巴胺。多巴胺可以提高記憶力、學習能力、達成力。因此，使用喜歡的原子筆「有助於工作順利進行」這一點，就腦科學來說也是正確的。

用百圓商店那種五支一百圓的原子筆，雖然一樣可以「寫」，

但是否能用「最愉快的心情」完成工作，這一點就有待商權。若考量到最後的效率，選用幾百圓的「喜歡的原子筆」來寫，我想是非常有利的投資。

順帶一提，筆記本我通常選用「MIDORI MD Notebook-Light A4 變形／方格」。

另外關於滑鼠，我用的是羅技的「WIRELESS MOUSE M325T」（灰玫瑰色）。這也是我到3C賣場，實際試了所有無線滑鼠之後，根據重量、流暢度和手感等考量，仔細挑選最適合自己的款式。最後，我覺得這款滑鼠最適合自己，所以就一直用下去。現在用的這個滑鼠，已經是第三個，同一款我已經用了將近六年了。

至於滑鼠墊，我目前用的以最喜歡的畫作——布勒哲爾（Pieter Bruegel the Elder）的「巴別塔」（The Tower of Babel）為設計的款式。就算是到咖啡店工作，也一定會帶著自己的滑鼠和滑鼠墊，在同樣的打字環境和心情之下，愉快地工作。

各位務必也要試著找出對自己而言「最適合的文具」和「最適合的輸入工具」，利用這些工具，每天用愉快的心情來書寫。

我最喜歡的文具
和輸入工具

 不要覺得「只不過是文具而已」，
用心找出自己真正喜歡的工具吧。

# 59 解決問題
## Solve a Problem

### 念書的黃金比例為「默背」3：「練習解題」7

　　不僅是考生，出了社會以後，還是有很多機會要面對各種考試，例如升等考、證照考試、國家考試等。對於忙碌的社會人士來說，都會希望可以在最短的時間內，做最有效的學習，獲得最好的結果。

　　各位在面對考試時，是拚命念課本、以默背為主的「課本派」？還是不斷寫練習題和模擬測驗、以實踐方式為主的「解題派」呢？究竟哪一種念書方法，可以達到更有效的記憶呢？

　　美國華盛頓大學曾經做過一個研究，請學生背下四十個斯瓦希里語的單字。

　　實驗針對輸入（記憶）方式，分成兩種形式，一種是重新默背「全部題目」，一種是「只有答錯的題目」。針對輸出（測驗），分成測驗「全部題目」，以及「只有答錯的題目」。以這樣的方式互相搭配，將學生分成四個組別，請大家背下單字。

---

### 輸入和輸出，哪一個有助於記憶？

比起「輸入」，大腦會透過「輸出」留下記憶

第1次：背下40個單字後接受測驗
　　　　（所有組別一致）
第2次以後：依照不同組別反覆進行

→ 1週後再測驗

重視輸出的組別成績較佳

|  | 記憶（＝輸入） | 測驗（＝輸出） |  |
|---|---|---|---|
| 第1組 | 全部題目 | **全部題目** | 80分 |
| 第2組 | 只有答錯的題目 | **全部題目** | 80分 |
| 第3組 | 全部題目 | 只有答錯的題目 | 35分 |
| 第4組 | 只有答錯的題目 | 只有答錯的題目 | 35分 |

　　結果發現，在輸入方法的部分，沒有產生任何差異。不過在輸出方面，測驗全部單字的組別，得到的成績最高。

　　換言之，對記憶來說，輸出比輸入重要。研究結果顯示，盡量多「解題」，對記憶才是最重要的。

　　讀課本和參考書，都屬於輸入。練習題庫和考古題、接受模擬測驗等，則是輸出。只不過，如果只有不停看課本默背，並不會留下記憶。練習解題＝「運用知識」，大腦才會留下記憶。

　　輸入和輸出的最佳比例為3：7。利用短時間背下課本內容，然後花雙倍的時間，專心在練習題目上。這可以說是最有效的記憶和學習方法。

**輸入和輸出的最佳比例為 3：7**

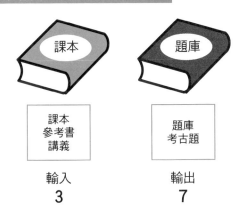

寫錯也沒關係，
多多練習解題吧。

# THE POWER OF
# OUTPUT

## CHAPTER4

# 成效遠勝過他人的
# 行動力

# DO

# 60 採取行動
## Take Action

### 將「自我滿足」轉換成「自我成長」

前述內容中提過，「讀、聽」是輸入，「說、寫」是輸出。透過反覆輸入和輸出，並做到反饋，可以促使自我成長。

事實上，這裡還要再加上另一個重要的要素，那就是「採取行動」。以英文來說就是「DO」。在本書當中，「說、寫」以外的所有輸出，都是以「行動」（DO）來表示。

也就是說，一旦有了「發現」、知道「TO DO」（該做的事）之後，就會開始實踐「TO DO」，並持續做下去。少了「採取行動」這一步，絕對不可能有自我成長。

舉例來說，假設在關於「運動」的書當中讀到「每週進行兩小時的有氧運動，有助於降低三分之二的認知症發病率」。換言之，得到的發現就是「每週兩小時的有氧運動，有助於預防認知症」；「TO DO」則是「每週進行兩小時的有氧運動」。這時候就要把這個「發現」和「TO DO」寫在筆記上。不過，很多人做到這裡就結束了。

即便在筆記上寫一百次「每週進行兩小時的有氧運動」，如果沒有真的去運動，預防認知症的效果微乎其微。這是理所當然的道理。

然而，幾乎所有人都是看完書之後，就算得到許多發現，實際上卻什麼行動都沒有。和過去完全沒有任何改變。

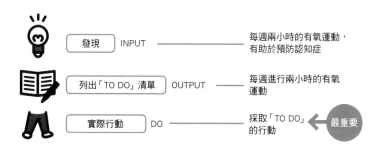

| 發現 | INPUT | 每週兩小時的有氧運動，有助於預防認知症 |
| 列出「TO DO」清單 | OUTPUT | 每週進行兩小時的有氧運動 |
| 實際行動 | DO | 採取「TO DO」的行動　←最重要 |

比起昨天之前，今天的行為變得不一樣。這才叫做自我成長。

假使就算明白「每週兩小時的有氧運動，有助於預防認知症」的道理，卻沒有任何行動，行為就不會產生變化，也不會有自我成長。或許多少會懂得比較多一點，但只要行為沒有改變，真實世界就不會有任何變化。這樣不叫「自我成長」，充其量不過是「自我滿足」罷了。

無論是念書或學習，幾乎所有人都無法做到「採取行動」，只是為了自我滿足而學習。這不過就是在浪費時間和金錢而已。

既然好不容易獲得「發現」、知道「TO DO」，就應該採取行動，改變現實狀況，讓自己獲得成長。至於「採取行動」的具體方法，就是本章接下來要介紹的重點。

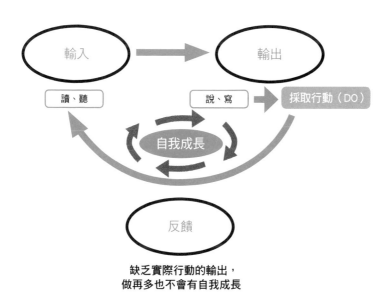

**缺乏實際行動的輸出，
做再多也不會有自我成長**

 如果想「開始改變」，而不是「變聰明」，
唯一方法只有採取行動。

# 61 持之以恆
## Continue

## 做出成績的終極成功法則

若要說面對工作的終極成功法則,其中一項就是「持之以恆」。簡單來說就是,無法持之以恆,就不會有結果。無論是工作、學習、運動、興趣或戀愛,如果連三個月都無法堅持,不可能得到滿意的結果和成果。

不過,話雖這麼說,應該很多人都做不到「持之以恆」。

這一點我倒是很擅長。我的電子報每天出刊,至今已持續十三年;八年來Facebook每天更新;YouTube持續五年每天更新;每週進行血流阻斷訓練,時間長達八年;連續九年,每個月舉辦一場全新內容的研習會;連續十年,每年出版兩本著作。我每天、每個星期、每個月、每年都像這樣,一直不斷保持各種嘗試。

以下就傳授各位擅長「持之以恆」的我,為了「持之以恆」,每天都會做的「五大祕訣」。

### (1) 只考慮「今天要做」的事

十三年來,我(幾乎)每天都會發行電子報。不過,當初在開始嘗試的時候,並沒有想過要維持十三年這麼久。之所以能持續到現在,不過只是因為一直以來都覺得「這麼做很開心,所以今天也繼續吧」。

有時候,我也會因為身體不舒服,所以不想上健身房。不過,我還是會鼓勵自己,「先去再說吧」、「做個五分鐘就好」。很多時候,真的到了健身房、做了五分鐘之後,感覺身體狀況慢慢變好,最後就這樣做了三十分鐘,甚至超過一個小時。

考慮愈多,只會讓自己對「持之以恆」有所卻步。所以,只要考慮「今天」、「現在」要做的事就好。

## （2）用愉快的心情去實踐

看電視或玩電玩，不用強迫自己，就能每天不斷一直看、一直玩。這都是因為，做這些事情很開心。「開心」會刺激多巴胺分泌。只要感到「開心」，就算不努力、不強迫自己，自然也能持之以恆。

相反的，一旦覺得「不好玩」、「痛苦」、「辛苦」，壓力荷爾蒙就會分泌。壓力荷爾蒙會降低人的動力，阻止行為繼續發生。因此，對於「痛苦」的事情，就不可能持之以恆。假使勉強繼續，可能會引發疾病。

既然如此，只要「對希望持之以恆的事物抱持開心的態度」，自然就能繼續。換言之，自己必須從中去「發現快樂」。

## （3）把目標做細分

「我要瘦下十公斤！」當這樣的目標設下之後，大腦會對照過去的經驗，告訴自己「辦不到」。也就無法分泌多巴胺。

但是，如果把目標改成「一個月瘦一公斤」呢？只要努力，似乎有可能辦到。挑戰這種「稍微困難」的課題，多巴胺的分泌會達到最大量。

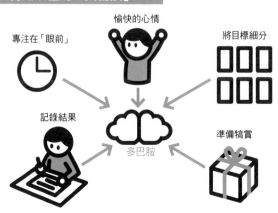

**「持之以恆的 5 大祕訣」**

專注在「眼前」　　愉快的心情　　將目標細分

記錄結果　　多巴胺　　準備犒賞

雖然大家常說「目標要遠大！」，但光是這樣沒有用。只有把「遠大的目標」細分成「小目標」，才有可能大幅提升持之以恆和實現的可能。

　　以我的例子來說，我會把「每個月寫一本書」的大目標，替換成「每天寫十頁內容」的「小目標」。每天寫十頁，一個月完成一本書。一樣的結果，但透過換成「小目標」，在進度和達成度的管理上會變得更容易，也能提高動力。

### （4）記錄結果

　　設定好目標之後，建議各位最好每天做記錄。

　　以我來說，每天早上一定會針對自己的「YouTube訂閱人數」做記錄，輸入Excel進行管理。

　　早上打開電腦，確認當天的「YouTube訂閱人數」後，如果比前一天多，就會覺得更有動力繼續發表影片。

　　只要像這樣記錄距離目標達成的進度，就能刺激多巴胺不斷分泌，讓自己更容易做到「保持繼續」。

### （5）做出結果就犒賞自己

　　如果達成目標就能獲得犒賞，可以刺激多巴胺進一步分泌更多。就算每天的小目標不算，只要達成中程目標和大目標，就應該給自己犒賞。

　　我自己只要「寫完一個章節」或「一天寫完二十頁內容」，就會「犒賞自己」，在家品嚐稍微高級的威士忌。只要寫完一本書，就出國旅行。

| 日期 | 時間 | 訂閱人數 | 增加人數 |
|---|---|---|---|
| 2018/3/1 | 1029 | 40220 | 152 |
| 2018/3/2 | 1121 | 40509 | 289 |
| 2018/3/3 | 805 | 40676 | 167 |
| 2018/3/4 | 849 | 41018 | 342 |
| 2018/3/5 | 825 | 41388 | 370 |
| 2018/3/6 | 934 | 41756 | 368 |
| 2018/3/7 | 1025 | 41953 | 197 |

**YouTube 訂閱人數的增加狀況**（透過 Excel 進行管理）

如何補充多巴胺這種激發動力的「汽油」，對「持之以恆」來說，非常重要。

就算咬緊牙關、拚死努力，也不會刺激多巴胺分泌。對持之以恆來說，只有反效果。不如用愉快的心情，面對眼前的小目標。長久下來，最後就能養成「持之以恆」的習慣。

## 多巴胺與報償迴路的關係

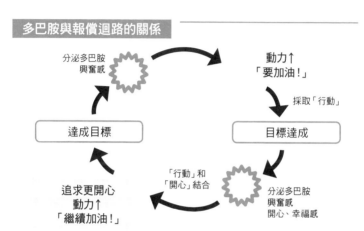

參考／《別再錯用你的腦，七招用腦法終結分心與瞎忙》（大牌出版，樺澤紫苑著）

## 補充多巴胺

多巴胺是促使自己達成目標的動力汽油。只要補充得宜，任何目標都能達成！

要想達成「稍微困難的目標」，
先決定好自我犒賞的方法吧。

# 62 教人 1
## Teach

### 促使自我成長最有效的輸出方法

　　本書一共介紹了八十個輸出的方法，其中對自我成長最有效的「超強輸出法」，就是「教人」。

　　「學習金字塔」（Learning Pyramid）是根據美國國家實驗室研究，所推論出的一套表現學習穩定率的法則。

　　實驗調查人在學習的時候，什麼方法最容易留下記憶、什麼方法留下的記憶能夠維持最久。得到的結果，從效果最低的依序為「上課、聽人說話」、「閱讀」、「使用視聽覺教材」、「使用實驗機材」、「小組討論」、「體驗式學習」。最有效的方法，是「教導他人」。也就是說，「教人」的學習效果最好。

　　英國倫敦大學曾做過一項有趣的研究。實驗要求受驗者背下某樣東西，然後告訴第一組的人「背好之後要接受測驗，請好好默

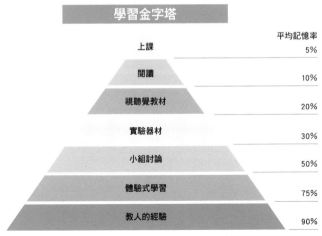

**學習金字塔**

| | 平均記憶率 |
| --- | --- |
| 上課 | 5% |
| 閱讀 | 10% |
| 視聽覺教材 | 20% |
| 實驗器材 | 30% |
| 小組討論 | 50% |
| 體驗式學習 | 75% |
| 教人的經驗 | 90% |

（根據美國國家實驗室研究）

背」，告訴第二組「背好之後要請你們教其他人，所以請確實記住」。

花了相同的時間結束默背之後，對兩組進行同樣測驗。結果發現，第二組雖然沒有真的「教人」，但測驗成績比第一組來得高。

也就是說，只要以教人為前提進行學習，記憶力就會提升，學習效果更好。

有教導經驗的人就會知道，自己沒有確實理解，就無法教人。換言之，透過教人，可以清楚掌握自己的理解程度，以及有待加強的部分。接下來，到實際「教人」之前，就能好好地學習，並加強不足的部分。

「教人」是一種輸出，也是一種反饋，更是一種輸入。包括自我成長的三大步驟，可以說是三位一體，最完整、最強的輸出方法，也是自我成長的一種方法。

## 「教人」是最強的輸出方法

```
    輸出                    反饋

   教人          ➡️      發現不熟悉、
                         理解不足的部分

                輸入

            針對弱點加強
```

想學會什麼，
就以「能夠說明給他人聽」為目標。

# 63 教人 2
## Teach

## 試著找就會找到，沒有就自己製造機會

現在各位已經知道，透過「教人」，可以加速自我成長。那麼，具體而言要在什麼場合、用什麼方法來「教」呢？

### （1）以一對一的方式，朋友之間互相教

我們經常可以在咖啡店看到高中生彼此互相教對方功課，這是非常有效的學習方法，遠遠勝過讀課本和練習題目的效果。

教人自己擅長的領域，不擅長的部分，就請對方教。朋友或同事之間，隨時都能開始。

有些人會消極地認為，把自己擅長的部分教給同事，「會喪失自己的優勢」。事實上正好相反。透過教人，自己會對內容更熟悉、有進一步的成長。因此，教得愈多，自己會愈有優勢。

### （2）成為講師

一旦成為公司裡的中堅階級，就會有機會在內部的讀書會上，針對某些主題擔任講師。面對這種機會，很多人會以「我懂得還不多」為由而婉拒。事實上，正因為「懂得不多」，更應該積極把握成為講師的機會。

透過擔任講師，也就是教人，可以整理自己的所學，加強不足的部分，獲得一大成長。而且，擔任講師也是展現自己知識和經驗的大好機會。有機會擔任講師，千萬不要拒絕，應該積極地把握接受。

### （3）參加或主辦讀書會或研究會

不過，擔任講師的機會並不是每個月都有。如果想尋找更多

「教人」的機會，不妨可以參加社內或社外的讀書會、研究會等。這類型的讀書會，大多是讓參加者輪流擔任講師，可以增加許多擔任講師、也就是「教人」的機會。

假設身邊沒有適合的讀書會或研究會，還有一個方法就是，由你自己來主辦。

### （4）成為專業講師（收取費用教人）

如果程度足以成為企業或工商會、各大團體組織的講師，那就再好不過了。

各位覺得在研習會上，獲得最多學習和成長的人，會是誰呢？答案不是學員或參加者。獲得最多成長的人，絕對是講師。

在我自己主辦的「網路心理學」讀書會，從二〇〇九年開始，每個月都會針對不同主題內容舉辦研習會，至今已經超過一百場。

老實說，從蒐集想法到準備研習會，過程非常辛苦。但我之所以這麼做，完全是因為我可以獲得遠勝過他人的成長。以結果來說，因為這些研習會，我每年都能出版二至三本完全不同主題的著作。

### 自我成長與「教人」的次數成比例

以朋友、同事、後進為對象

現在業界的狀況是……

研習會、讀書會

今天非常感謝大家來到這裡

教人是最好的自我成長機會，
因為比起被教的人，自己的收穫最多。

# 64 專注
## Concentrate on One Thing

### 人的大腦無法同時做好幾件事

人的大腦擁有不可估量的潛能。這一點完全正確。

根據某項研究，將人的大腦容量，以電腦的概念進行換算之後，可以得到17.5TB。以「維基百科」的總情報量為1TB來看，人腦的記憶可以達到十七個「維基百科」這麼多。實在非常驚人。

另一方面，大家也知道，人的大腦可以同時處理的情報量非常少。光是同時處理三個情報，大腦的「工作記憶」就已經佔滿了。

若要比喻，就像二十年前的電腦。只要同時開啟三個程式，電腦的處理速度就會瞬間變慢。一開啟第四個程式，電腦就當機。類似這種情況。

如果將人的大腦比喻成電腦，雖然硬碟的容量十分龐大，記憶體的容量卻明顯不足。因此，如果不好好善用這少量的記憶體，輸出的效率將會非常低。

同時進行多項任務又叫做「多重任務處理」（multitasking），例如「邊寫e-mail邊和客戶講電話」、「邊寫企劃書邊聽下屬報告計畫進度」等。近來的腦科學研究證實，人的大腦無法進行這種多重任務處理。

例如「邊念書邊……」，就像邊看電視邊寫功課。並不是同時「看電視」和「寫功課」，而是大腦以非常慢的速度，切換處理這兩件事。大腦由於不停地「切換」，因此承受極大的負荷，連帶使得處理能力也跟著變差。

根據某項研究發現，當大腦因為多重任務處理，無法集中在單一課題上時，必須多花一半的時間，才能完成課題。

不僅如此，錯誤率最高甚至高達50%。另一項研究顯示，同時做兩件類似性質的事，效率會降低80～95%。

意思就是比起分別做兩件事，多重任務處理所花的時間更多。而且錯誤和疏失的機率也會暴增到1.5倍。

因此，「多重任務處理」是萬萬要不得的工作方法。專注在眼前單一任務做輸出，可以說是最有效的輸出方法。

## 大腦無法同時做好幾件事

看電視　寫功課

同時處理

看電視
休息
寫功課
休息
看電視

交替處理

不要貪心，
一次完成一件事就好。

# 65 自我挑戰 1
## Challenge Yourself

### 沒有挑戰，就沒有成長

很多人或許會覺得，挑戰新事物是一件很可怕的事，與其要承擔挑戰帶來的失敗風險，不如保持現狀就好。如果各位也是這麼想的，最好現在就趕緊改變想法。

因為，沒有挑戰，就不會有成長。只有自我挑戰，才會帶來自我成長。

挑戰新事物，可以激發腦內物質多巴胺的分泌。多巴胺是一種會帶來「開心」情緒的幸福激素，同時也是推動自己「學習新事物」的學習激素。

多巴胺的分泌，可以提高專注力和鬥志，增加記憶力，提高學習能力。以結果來說，學習會更有效率，促使自我成長。

不過，應該還是有很多人會覺得挑戰不會讓人開心，反而會感到害怕、不安和恐懼。之所以會有這種感覺，其實是因為挑戰到「危險區」（danger zone）了。

舉例來說，平常完全不運動的人「想挑戰登山」，卻一口氣就去爬富士山……不但可能會受傷，最後只會體力不支而中途放棄。應該先從高尾山之類的開始爬起，一步步養成登山的習慣。也就是說，高尾山是「學習區」（learning zone），富士山則是「危險區」。

如果過於魯莽而挑戰過大、太難的課題，就會闖進「危險區」。造成正腎上腺素過度分泌，提高心裡的不安和恐懼，產生想放棄、想逃離的衝動。

　　換言之，「害怕挑戰」的人，是因為越過「學習區」，誤闖了「危險區」的緣故。既然目標和難度太高，稍微降低就行了。

　　只要聰明地設定需要稍微努力才可能實現的「小目標」，就能激發多巴胺的分泌，用開心的心情面對挑戰，最後達到自我成長的目的。

**害怕挑戰的原因**

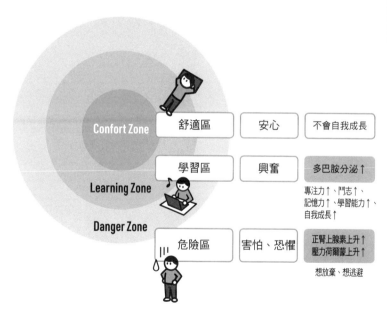

| Confort Zone | 舒適區 | 安心 | 不會自我成長 |
| --- | --- | --- | --- |
| Learning Zone | 學習區 | 興奮 | 多巴胺分泌↑<br>專注力↑、鬥志↑、記憶力↑、學習能力↑、自我成長↑ |
| Danger Zone | 危險區 | 害怕、恐懼 | 正腎上腺素上升↑<br>壓力荷爾蒙上升↑<br>想放棄、想逃避 |

魯莽的挑戰只會有反效果，
為自己設定可以開心挑戰的「小目標」吧。

# 66 自我挑戰 2
## Push Yourself

### 反覆告訴自己「只要努力，總會成功」

玩電玩時，如果簡單到一下子就過關，或是困難到無論挑戰幾次，總是一下子就被殺死，這樣的電玩，一點也不好玩。

最好應該是難度適中，透過反覆錯誤、從中學習，經過各種努力，最後總算過關。雖然「有點難度」，但不至於「非常困難」。「有點難度」，才能玩得最開心，不是嗎？

關於難易度和多巴胺的關係，太困難或太簡單，都無法刺激多巴胺分泌。最容易讓多巴胺產生分泌的，是挑戰「有點難度」、但「只要努力，總會成功」的課題。

多巴胺的分泌，有助於提高專注力、記憶力和學習能力，也最能促使自我成長。換言之，自我挑戰時，不要一下子挑戰太難，最好是以「有點難度」的課題，促使自我成長。透過分成大概三個階段，一步步提高困難度，可以達到自我成長、向上提升的目的。因此以結果來說，也算成功挑戰困難的課題。這也是為什麼國高中的

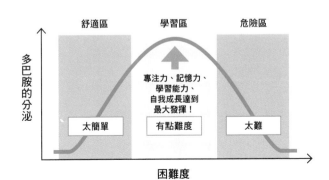

練習題，通常都分為「基礎／應用」、「初級／中級／高級」等好幾個階段的原因。

害怕挑戰的人，只是因為一下子選擇了困難的課題。就像挑戰三層跳箱一樣，先反覆成功達成「有點難度」的課題，再一步一步提高難度，讓自我成長達到最大發揮，最後就能以最快的速度，成功挑戰困難的課題。

**不要一下子挑戰太難的課題**

透過挑戰「有點困難」的課題，刺激多巴胺分泌

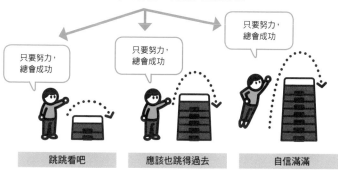

 難度應該「慢慢」增加，
而不是「一下子突然」拉高。

# 67 開始行動
### Get Started

## 只要努力五分鐘，就能啟動「動力開關」

很多人總是無法順利進入工作或學習狀態。如果想等到有「動力」才開始做事或學習，無論等再久，「動力」都不會出現。

如果有方法可以瞬間進入工作或學習狀態，做起事來或念書，肯定會非常順利。這種像做夢一樣的方法，實際上真的存在。

那就是「先開始做了再說」。有人可能會說：「我就是沒辦法開始，所以才覺得煩啊！」不過很遺憾的，唯一的方法，只有「先開始做了再說」。

如果在寒冷的冬天要熱車，各位會怎麼做？你會啟動引擎，打開暖氣。也就是讓車子空轉，藉此引擎溫度會漸漸上升，不到幾分鐘，就可以上路了。如果不啟動引擎，引擎永遠也沒辦法運轉。大腦也可以說是一樣的狀況。

以提出克雷佩林心理測驗（Kraepelin test）而聞名的精神科醫師克雷佩林（Emil Kraepelin），他將「一旦開始做事，心情會愈來愈興奮，漸漸產生動力」的現象，稱為「勞動興奮」。這個距今一百多年前的原理，直到最近，腦科學才解開「勞動興奮」運作的謎底。

大腦裡有個叫做「伏隔核」（nucleus accumbens）的部位，位於大約正中央的位置，小小的、左右對襯，就像蘋果核一樣。當伏隔核的神經細胞開始作用時，會對海馬迴和前額葉皮質發送訊號，產生「動力」，促使大腦興奮。不過，伏隔核的神經細胞必須要受到「某種強度」的刺激，才會開始產生作用。從開始到產生作用，時間只需要五分鐘。

伏隔核是大腦的「動力開關」。透過「先開始做了再說」，動力開關就會啟動，當伏隔核開始作用之後，就能激發真正的「動力」。

因此，如果想提起幹勁，方法只有「先開始做了再說」。告訴自己「要開始嘍！」，從簡單的事情開始做起。就這樣先努力個五分鐘吧。

## 啟動動力開關的方法

前額葉皮質

ON

伏隔核　　　　　海馬迴

先開始做了再說
↓
伏隔核開始產生作用
（啟動動力開關）
↓
產生動力↑

等到有動力
再開始吧

動力

永遠
等不到動力

時間

先開始
做了再說

動力

動力
開關啟動！

勞動興奮

時間

先花五分鐘坐在書桌前吧，
動力接著就會出現。

# 68 嘗試
## Give It a Try

## 不嘗試，永遠只能保持現狀

提到「嘗試」，有些人會說：「萬一失敗了怎麼辦？」「我不想失敗。」因為太害怕失敗，所以不敢挑戰新事物的人，其實非常多。

我在接受採訪時，經常會被問到：「請問你經歷過最大的失敗是什麼？」我的答案總是一樣：「我的人生，從來沒有失敗過。」

有些人可能會覺得我騙人，怎麼可能沒有失敗過。不過，我確實從來不曾因為「失敗」而後悔。別的不說，現在「活著」這件事，就是沒有失敗的最好證明。因為我的人生尚未「GAME OVER」，至今仍繼續挑戰中。

如果人生的遊戲規則是，只要獲得十個「犯錯」的硬幣，就能往下一關前進。那麼，要想獲得自我成長、往下一關前進，其實非常容易。只要不斷嘗試，收集「犯錯」硬幣就行了。

然而，在真實世界中，很多人卻拒絕「挑戰」新事物，所以完全無法累積「犯錯」硬幣。於是，這些人永遠只能保持現狀，不僅沒有成長，也不會有快樂的事情發生，更不可能找到另一半，收入也不會增加。

在這個世界上，根本沒有什麼「失敗」。所有的「不順利」和「出乎意料」，都不是「失敗」，而是「犯錯」。

只要找出犯錯的原因，思考對策，再繼續挑戰就行了。針對錯誤不斷進行反饋，就能破關，往下一關繼續前進。

害怕失敗、不敢挑戰新事物的人；不怕犯錯、不斷嘗試的人。各位覺得誰能夠獲得自我成長呢？

只要稍微改變想法，各位就能活在一個沒有「失敗」，只有透過嘗試和犯錯、不斷達到自我成長的快樂世界。

## 哪一個可以獲得自我成長？

勇於嘗試的人

嘗試 → 犯錯
改善

嘗試 → 犯錯
改善

嘗試 → 犯錯
改善

過關
突破現狀

成功

不斷自我成長，
犯錯是成功的基礎

害怕失敗的人／不願嘗試的人

會成功？

會失敗？

不敢嘗試 → 永遠只能保持現狀

沒有自我成長

犯錯是成功的基礎。
不要害怕犯錯，大膽地勇於嘗試。

# 69 樂在其中
## Have Fun

### 「開心」可以提升記憶力和動力

各位知道成績不好的孩子,為什麼會考不好嗎?這和頭腦好不好一點關係也沒有,只是因為「討厭念書」。因為討厭念書,所以念起書來就會心不甘情不願。

「開心」,可以提升記憶力和動力;「心不甘情不願」,則會大幅降低記憶力和動力。所以,念起書來只要是心不甘情不願,成績自然不可能變好。

就算是同樣的時間、同樣的學習,是「開心」還是「心不甘情不願」,學習效果完全不一樣。

在大阪大學的一項實驗中,要求受驗者一邊唸文章、一邊背下規定的單字。結果發現,單字若是「正面詞彙」,比較容易記住,「負面詞彙」則較難記住。換言之,心情是正面還是負面,記憶力的呈現也會不一樣。

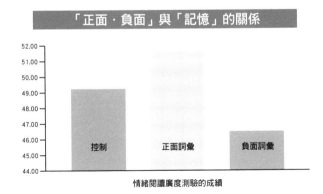

「正面・負面」與「記憶」的關係

情緒閱讀廣度測驗的成績

參考/《忘卻與腦科學》(暫譯,原書名《もの忘れの脳科学》,苧阪滿里子著)

「開心」可以刺激腦內物質「多巴胺」的分泌。多巴胺是一種幸福激素，有助於提高專注力、動力和學習能力。簡單來說，就是「讓大腦變聰明的激素」。

如果做事「心不甘情不願」，被稱為壓力荷爾蒙的「皮質醇」就會分泌。皮質醇是一種會降低記憶力的激素。各位可以把它想像成是「讓人忘記討厭的事的激素」。研究也證實，皮質醇如果持續分泌，海馬迴的容量就會愈來愈小（腦細胞死亡）。

因此，如果工作或學習時心不甘情不願的，效率會明顯下降，結果變得慘不忍睹。面對工作和學習，是用「開心」的心情，還是感覺「心不甘情不願」、「痛苦」、「覺得被迫去做」，大腦會做出截然不同的反應。如果「開心」，大腦就會猛踩油門；如果「痛苦」，大腦就會踩住煞車。

既然同樣是輸出，不如用開心的心情，才能得到最好的效果。

## 心理狀態與動力的關係

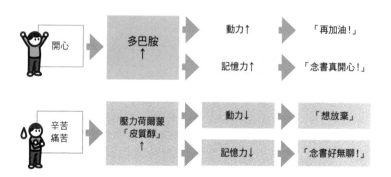

無論做任何事，
都要找出屬於自己的「快樂」。

# 70 下決定
## Make a Decision

### 「五秒鐘」內選擇「令自己興奮的」

很多人應該都是「優柔寡斷，遲遲無法做決定」、「猶豫不決」、「到最後又想改變決定」。

「下決定」雖然很困難，但只要瞭解「第一步棋理論」（first chess theory），就能迅速做出決定。

實驗讓專業棋士看著棋盤，五秒鐘內決定「下一步棋」。接著花三十分鐘慢慢思考，然後重新決定「下一步棋」。結果發現，「剛開始的第一步棋」和「思考三十分鐘後的所下棋」，86%一致。

這個意思就是說，直覺下想到的判斷，也就是第一次做出的判斷，準確度相當高。就算再經過長時間思考，「判斷」也不會有太大的變化。

只不過，這時候要注意的是，這是針對專業棋士所做的研究。換言之，他們有豐富的經驗和知識，而且是針對自己專業、熟悉的領域所做的判斷。如果是新進員工在五秒內做出的判斷，恐怕就不一定正確。

### 以專業棋士為對象的研究

五秒鐘內想出的棋步，和想了三十分鐘後
決定的棋步，86% 相同

如果是擁有豐富經驗的專家，
五秒鐘內做出的決定，都是正確的

就算要你在五秒鐘內做出決定，我想應該很多人都會猶豫不決。當我感到猶豫不決時，會再根據另外兩個判斷標準來下決定。一個是「選擇令自己興奮的」。也就是不要考慮利害關係。

所謂「感到興奮」，表示你的潛在意識希望那麼做。而且，「感到興奮」時，多巴胺會分泌，提升大腦效率，因此成功的機率較高。

第二個條件是，一旦猶豫不決，就「優先選擇一開始想到的」。一開始想到的想法，代表是你的「直覺」，源自於你的「本能」。也可以說是「心裡的聲音」。之後再出現的，都是「算了，還是○○可能比較好」的想法。大多有算計考量、是合乎常理、微不足道的標準答案。

舉例來說，「暑假好想去夏威夷喔！可是要花好多錢……」想必很多人都會這麼想。「想去夏威夷」是興奮的直覺；「要花好多錢」是算計下的考量。哪一個會替自己帶來快樂呢？各位是想聽從興奮的直覺採取行動，過著開心的人生？還是被算計所綁，過著平凡而無趣的人生呢？

相信直覺、在五秒鐘內，選擇讓自己感到興奮的決定，人生肯定會變得更快樂。

**樺澤流決定術**

五秒鐘內做出決定

選擇令
自己興奮的

選擇
一開始想到的

相信自己的直覺，
選擇「令自己興奮的」吧。

# 71 （透過語言）表達
## Express in Words

### 吐露難過和痛苦，達到排解的目的

日本人是個喜歡「忍耐」的民族。這雖然是日本人的美德，但過度忍耐會造成壓力累積，對心靈來說，也會帶來負面影響。

坦承自己的「痛苦」和「難過」、說出來，可以達到「療癒」的效果。

舉例來說，小孩子打針時，會大聲哭著喊「好痛！」。這個喊「痛」的舉動，有非常大的意義。

在某個實驗中，A組打針的時候大聲喊痛，B組則是忍著什麼也沒說。

打完針之後，請受驗者用分數來表示打針受到的疼痛。結果發現，比起忍住沒喊痛的B組，喊痛的A組，疼痛指數減少了五分之一。也就是說，只是喊「痛」，「疼痛」壓力就能大幅獲得緩解。

另外，美國華盛頓的癌症醫療中心曾經針對癌末患者，進行一項筆記訓練的研究。

### 光是喊「痛」，「疼痛」的壓力就能獲得緩解

好痛！

咦？
好像沒有
想像中那麼痛

　　所謂的筆記訓練其實很簡單，就是在固定的二十分鐘內，請患者寫下「癌症給自己帶來什麼改變？對於這個改變，自己的想法是什麼？」。

　　結果，參加訓練的患者當中，有49%回答「對生病的看法，變得不一樣了」，有38%的人回答「對於現在自己生病的狀態，心情變得不一樣了」。尤其年輕的患者，還有剛被診斷出癌症的患者，效果更顯著。

　　光是透過文章或語言「表達出來」，心裡的難過、痛苦、疼痛等，就能獲得減輕。

　　具體來說，可以找人聊聊。或是，以自己進行的方式來說，可以把自己的想法、痛苦、難過，發洩在筆記本上。最好是每天寫日記。

　　每天將自己的內心吐露在日記上，藉此就能排解心裡的毒。

### 把心裡想的，全部化成語言表現出來

就算不找人傾吐，
寫在筆記裡，
也能獲得排解

・難過的事
・痛苦的事
・疼痛

難過、痛苦的事，
就盡情發洩在私密筆記裡吧。

# 72 完成
## Complete

## 花時間琢磨「三十分的完成品」

資料、稿子等這類有期限的工作，想必很多人都無法在期限內完成。或者，想必也有很多人，愈是想交出完美的成品，就愈是動不了筆，遲遲無法開始。

我有很多朋友都曾經說過要出書，不過，當大家一旦開始要寫稿，就算是每天寫部落格、文筆很好的人，很多「連一開始的十頁都寫不出來」。這是為什麼呢？

理由就是，因為他們都是以「滿分為目標」、希望寫出完美的稿子。每一位新手作家，面對第一本書，總是充滿幹勁，認為既然要寫，就要寫出最精采的內容。結果一天下來，根本寫不到幾頁。

我開始寫書稿時，都會「以三十分為目標」。有人或許會說，「三十分也太看不起自己了吧？」。不過，這是很明顯的事實。

正確來說，最重要的是「先完成三十分的成品」。暫且不論文

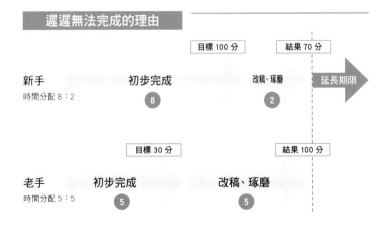

**遲遲無法完成的理由**

| | | 目標 100 分 | 結果 70 分 | |
|---|---|---|---|---|
| **新手**<br>時間分配 8：2 | 初步完成<br>8 | | 改稿、琢磨<br>2 | 延長期限 |

| | | 目標 30 分 | 結果 100 分 |
|---|---|---|---|
| **老手**<br>時間分配 5：5 | 初步完成<br>5 | 改稿、琢磨<br>5 | |

章的品質，最重要的是「全部寫完」。全部寫完之後，接下來就是列印出來修改。也就是進入「改稿」的作業。

第一次的改稿，可以將原本三十分的稿子，提高到五十分。第二次改稿，從五十分，再琢磨到七十分。接著，第三次改稿從七十分，提高到九十分。最後再利用截止前的時間，把稿子修到一百分。總之，先一口氣寫完，再花時間「改稿」和「琢磨」。其比例為5比5。

一開始就以一百分為目標的人，一口氣完成需要花上非常多時間，連帶地壓縮到「改稿」的時間。兩者的比例大概是8比2。由於沒有時間「改稿」，最後很可惜地，只能交出未臻完美的作品。

企劃書、報告書、稿子、演講的投影片等，也是一樣的道理。總之，就算只有三十分的程度也好，先「一口氣」全部完成。接著再透過充裕時間的「改稿」，完成完美的作品。

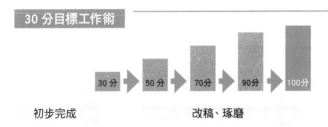

**30 分目標工作術**

初步完成　　　　　　　　　改稿、琢磨

先以30分為目標全部完成。
接著再慢慢修改，提高完成度。

先以30分為目標全部完成。
接著再慢慢修改，提高完成度。

# 73 領導
## Lead

### 提出「願景」，而不是「目標」

無論業務部長在台上再怎麼大聲疾呼「這個月的業績目標是三億圓！」，底下的人也不會因此就充滿鬥志。如果是「這個月的業績不輕鬆、會很辛苦喔」的說法，又會打擊大家的鬥志。因為這不是「自發性的工作」（分泌多巴胺），而是「被迫的工作」（分泌壓力荷爾蒙）。

自己設定的目標，可以刺激多巴胺的分泌。但如果是他人決定、自己不能接受的目標，只會刺激壓力荷爾蒙的分泌。

既然如此，該怎麼做，才能領導員工、下屬和團隊夥伴呢？難道沒有辦法可以提升大家的動力，發揮領導能力嗎？

方法就是，應該提出「願景」，而不是提出「目標」。所謂「願景」，指的是公司會依個人希望實現的「理想狀態」和「理想的模樣」。

提出「目標」，大家不會追隨。提出「願景」讓人共享，大家就會追隨。為公司或對方提供協助、支持，透過高昂的鬥志，發揮最大的能力。

就以總印量突破三億冊的國民漫畫《航海王》為例好了。「草帽海賊團」的船長魯夫的願景，就是「我要成為海賊王！」。在他的身邊，聚集了許多認同他的願景，覺得「似乎很有趣」、「想和他一起實現願望」的夥伴。

魯夫的目標雖然是「得手獨一無二的大寶藏（ONE PIECE）」，不過，若是把目標說在前頭，就會變得現實而功利，讓人很難認同，產生「隨便你怎麼做！與我無關」的感覺。

我的願景，是「希望藉由淺顯易懂地傳達精神醫學和心理學的知識，減少憂鬱症和自殺的發生，達到預防疾病的目的」。藉著提出這個願景，實際上許多人都為我提供協助和支持。為了達到預防憂鬱症和自殺的目的，我必須將我書中的內容，以及網站上的理念，傳達給更多人知道。

所以，我的目標就是「著作暢銷百萬冊」、「YouTube訂閱人數達十萬人」。假使我把「著作暢銷百萬冊」的目標說在前面，應該大家都會覺得「隨便你！」，沒有人會願意提供我協助吧。

願景有十分強烈的他者貢獻、社會貢獻的特色，而目標是現實、功利且實際的東西。人很容易對崇高的「夢想」和「理想」產生認同，因此領導他人，必須提出的是「願景」，而不是「目標」。

## 願景和目標的差異

| 願景 | 目標 |
|---|---|
| 未來的理想狀態<br>理想的模樣 | 現實的目標 |
| 他者貢獻、社會貢獻 | 現實的、功利的 |
| 鬥志↑ | 鬥志↓ |
| 協助、支持、團結、<br>自發性、主動性 | 消極、任人擺布、<br>被動 |

 提到「夢想」和「理想」，
大家就會追隨。

# 74 笑
### Laugh

## 露出笑容，十秒內就能感到開心

前面提到許多輸出情報的內容，事實上除了「情報」，積極地輸出自己的「感情」，也能得到許多好處。例如「笑」或「哭」。

關於「笑」的功效，美國加州大學曾發表過一篇非常有趣的研究。實驗請受驗者做出開心、恐懼、憤怒的表情，觀察他們的心跳、體溫、肌膚的電流反應、肌肉的緊繃程度等。

結果發現，露出「笑容」後不到十秒，身體就會產生和「安心」時一樣的變化。相反的，露出「害怕」的表情之後，身體也呈現恐懼的變化。

也就是說，露出笑容，十秒內，緊張就能獲得緩解，心情變愉快。換言之，笑容的效果具有即效性。

以腦科學來說，笑容會刺激分泌血清素、多巴胺和腦內啡三種腦內物質。一旦分泌這些激素，壓力荷爾蒙就會下降，變成副交感神經佔優勢。也就是說，笑容具有緩和緊張、消除壓力的作用。

笑容是最有用的大腦訓練，也是排解壓力的方法。

不過，一下子要讓自己露出笑容很難。堆出笑容的表情肌肉如果過度僵硬，就無法露出自然的笑容。所以，最重要的是平時多多練習笑容。我自己每天早上都會邊刮鬍子、邊練習笑容。

笑容也是溝通的潤滑劑。多多展露笑容，只會有好事不斷發生。各位何不也練習微笑，多多露出笑容呢。

笑容的 8 大功效

【笑容的效果】1　提高免疫力

● 笑容可以提高殺死癌細胞的 NK 細胞的作用
● 笑容可提高大腦腦內啡的濃度，提升免疫力

【笑容的效果】2　緩和壓力

● 笑容可以降低壓力荷爾蒙皮質醇的分泌
● 笑容是一種腹式呼吸，可活化血清素，達到緩和壓力的作用

【笑容的效果】3　緩解疼痛

● 大笑十五分鐘，可以提升10%的疼痛容忍度
● 笑容可以刺激分泌鎮痛激素腦內啡

【笑容的效果】4　對各種身體症狀產生作用

● 笑容可擴張血管，降低血壓，給心臟帶來正面影響
● 大笑可以抑制血糖上升
● 大笑可以消解便祕（調整自律神經的平衡）

【笑容的效果】5　提高記憶力

● 笑容可以抑制皮質醇分泌，減少海馬迴的損失，提升記憶力
● 大笑可增加大腦的 α 波，讓身體處於放鬆狀態，提高專注力和記憶力

【笑容的效果】6　變快樂

● 大笑可以刺激分泌幸福激素多巴胺和快樂激素腦內啡，使人感到
　「快樂」、「幸福」
● 常保笑容的人，三十年後的幸福程度會較高

【笑容的效果】7　轉為正面思考

● 光是露出笑容，想法就會變正面

【笑容的效果】8　延長壽命

● 比起沒有笑容的人，滿臉笑容的人，壽命可延長 7 年

參考／《放下努力，疾病自然遠離》
（暫譯，原書名《頑張らなければ、病気は治る》，樺澤紫苑著）

 早上邊梳洗時，
邊試著讓嘴角上揚。

# 75 哭
### Cry

## 眼淚有排解壓力的效果

在感情的輸出當中，「笑」的相反，就是「哭」。

日本人就算難過的時候，也會要自己忍住不哭。

或者，有些人約會看電影時，也會因為覺得「不好意思被看到自己在哭」，所以就算眼淚快掉出來，也會拚命忍住。

不過事實上，忍住「哭」會造成壓力累積。相反的，透過「哭」，壓力可以獲得排解。也就是說，「哭」對心靈上來說，具有「正面效果」。

忍住「哭」時，身體是處於交感神經佔優勢的緊張狀態。藉著「哭」，也就是流淚的瞬間，副交感神經會取代佔上優勢，身體進入放鬆＝「療癒」的狀態。

另外，眼淚含有ACTH（adrenocorticotropic hormone，促腎上腺皮質素）。這是一種會刺激壓力荷爾蒙「皮質醇」分泌的荷爾蒙。換言之，由於ACTH隨著眼淚一起排出體外，所以藉著「哭」，可以獲得排解壓力的作用。

**「哭」的效果**

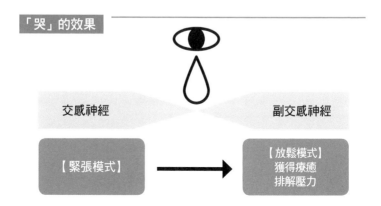

| 交感神經 | | 副交感神經 |
| --- | --- | --- |
| 【緊張模式】 | → | 【放鬆模式】<br>獲得療癒<br>排解壓力 |

不過，日常生活中很少發生會讓人大哭的事情。所以，透過活用電影、戲劇、小說、漫畫等娛樂，就能輕易獲得「眼淚」帶來的療癒作用。

哲學家亞里斯多德在著作《詩學》當中提到，透過觀賞希臘悲劇，可以排解心中堆積的、如沉澱物般的感情，淨化心情。也就是說，藉由戲劇和電影等展露感情，可以使心情獲得淨化。

也身為影評家的我，為各位整理了一份推薦的「好哭電影」清單，大家不妨可以參考看看。

## 好哭電影清單

〈經典篇〉
《刺激 1995》
（The Shawshank Redemption,1994）
《綠色奇蹟》（The Green Mile,1999）
《春風化雨》
（Dead Poets Society，1989）
《世界末日》（Armageddon,1998）
《鐵達尼號》（Titanic,1997）
《第六感生死戀》（Ghost,1990）
《美麗人生》（Life Is Beautiful,1997）
《新天堂樂園》
（Nuovo Cinema Paradiso,1988）
《螢火蟲之墓》（火垂るの墓 ,1988）
《謝謝你，在世界的角落找到我》
（この世界の片隅に ,2016）

（從電影史上的名作，以及優秀的電影中，
整理出堪稱經典的「好哭電影」）

〈特別篇〉
《最後一次初戀》（Restless,2011）
《終極假期》（Last Holiday,2006）
《靈魂衝浪手》（Soul Surfer,2011）
《變人》（Bicentennial Man,1999）
《藥命俱樂部》
（Dallas Buyers Club,2013）
《十月的天空》（October Sky,1999）
《無聲無息》（Silent Running,1972）
《聲之形》（聲の形 ,2016）
《異星入境》（Arrival,2016）
《料理絕配》（No Reservations,2007）

（狂熱地列出個人非常喜愛的「好哭電影」）

 列出一份自己專屬的
好哭電影清單。

# 76 控制「憤怒」
## Control Your Anger

### 不是排解，而是聰明地接受它

感情的輸出——「笑」和「哭」，透過積極地展現，可以得到各種好處。然而，關於「憤怒」，如果發洩得太多，只會得到負面影響，例如人際關係會產生裂痕。

容易生氣的人，比起不容易生氣的人，心肌梗塞和狹心症的風險高出兩倍以上。研究也顯示，尤其暴怒之後，引發心肌梗塞和狹心症的風險，更是會攀升到4.7倍。

怒氣，不是靠排解，只能巧妙地控制它。

生氣的時候，當怒氣即將爆發時，腎上腺素會分泌。腎上腺素在人體中的半衰期僅僅約二十～四十秒，十分短暫。也就是說，只要忍耐三十秒，怒氣就會通過最高峰。換言之，怒氣來得快，去得也快。

不過我想，很多人應該都「忍不了三十秒」。針對這樣的人，我要教大家一個有效的應對方法。

腎上腺素一旦分泌，身體就會處於交感神經佔優勢的狀態。這時候只要透過深呼吸，就能讓交感神經和副交感神經交換，達到平息怒氣的作用了。

不過，經常有人會說：「我就算做了深呼吸，還是不能控制怒氣。」其實，這是因為深呼吸的方法不對。我建議各位可以採取一分鐘深呼吸法。

> 1分鐘深呼吸法
> （1）吸氣5秒鐘
> （2）吐氣10秒鐘
> （3）再花5秒鐘將肺部的空氣全部吐出
> （4）反覆做（1）～（3）20秒一次的深呼吸，一共做3次
>
> 參考／《適度緊張能提升兩倍能力》
> （暫譯，原書名《いい緊張は能力を2倍にする》，樺澤紫苑著）

　　吸氣五秒鐘，再吐氣十五秒。自己邊做邊數秒。透過這種方式，注意力會放在數秒上，於是便忘了去想生氣的原因。或者，也可以看著秒針邊數邊做，同樣也有效果。

　　二十秒的深呼吸，確實地反覆做三次，這樣一來，「怒氣」就會幾乎全消，或者減輕不少。

　　要想正確地深呼吸，做起來並不簡單。我在拙作《適度緊張能提升兩倍能力》當中，花了近十五頁的篇幅，介紹深呼吸正確的方法。「容易生氣的人」，建議可以找來看看。

## 控制「憤怒」

只要深呼吸，副交感神經
就會取代佔上優勢

交感神經　　　　　　　　　　　　　副交感神經

| 憤怒 | → | 冷靜
鎮定 |

只要三十秒，
憤怒就會通過最高峰

想要長命百歲，
最好聰明地面對「憤怒」的感情。

# 77 睡覺
## Sleep

### 做不好，或許是因為睡眠不足的緣故

看到「睡覺」，有人會覺得「這怎麼想也不像是『輸出』」。不過事實上，睡眠對於輸出來說非常重要，應該視為一大前提來思考。

各位就算實踐本書全部的內容，但如果睡眠不足，依舊得不到明顯的效果。不只是輸出，工作和學習也是一樣。研究證實，在睡眠不足的狀態下，專注力、注意力、記憶力、工作記憶、學習能力、執行功能、數量能力、邏輯推理能力、數學能力等，幾乎所有的大腦功能都會變得低落。

而所謂睡眠不足，指的是未滿六小時。

美國賓州大學的一項研究證實，每天睡眠時間六小時、持續十四天，和整整兩天徹夜不眠，兩者會出現同樣程度的專注力低落。也就是說，每天只睡六小時的人，工作成效就和熬夜不睡覺、直接上班一樣。結果相當令人震驚。

## 睡眠時間和專注力的關係

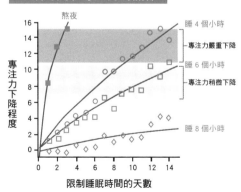

這是美國賓州大學Hans P.A.Van Dongen博士等人所做的研究。實驗要求受驗者只要看到螢幕上出現紅色圓點，就按下按鈕。限制受驗者的睡眠時間，每天進行測試。縱軸為反應速度超過0.5秒的次數（專注力下降）。

　　其他研究也顯示，如果睡眠不足六小時，學習過的內容很難在大腦留下記憶。

　　「睡眠不足」（睡眠時間未滿六小時）的狀態下從事輸出、工作或學習，就像浴缸沒有塞住就放水一樣，什麼也留不住。不會留下記憶和經驗，當然也就不會有自我成長。

　　「睡眠不足」的狀態，概略來說，就像把你的能力限制在只能發揮一半的狀態。

　　如果想要透過輸出達到自我成長的目的，一定要睡滿七個小時以上才行。

　　另外，睡眠不足不僅會降低學習效率，也會削減壽命。睡眠不足的人，癌症風險是一般人的6倍，腦中風的風險是4倍，心肌梗塞的風險是3倍。比起充分睡眠的人，死亡率更是高出5.6倍。就算和「抽菸」相比，「睡眠不足」對健康造成的影響更大。這一點其實大家都不知道。

　　對於「想透過輸出，達到自我成長目的的人」而言，一定要確保睡眠時間達七個小時以上。

## 睡眠不足和罹病風險的關係

| | | | |
|---|---|---|---|
| 癌症 | 6 倍 | 高血壓 | 2 倍 |
| 腦中風 | 4 倍 | 糖尿病 | 3 倍 |
| 心肌梗塞 | 3 倍 | 感冒 | 3 倍 |

↓

死亡率　5.6 倍

睡眠不足意指時間未滿 6 小時。參考數份論文算出。

比起任何工作，
優先確保一天七個小時的睡眠時間。

# 78 運動
## Exercise

### 一天 1 小時、一週 2 次有氧運動可活化大腦

各位是否想過「如果生來頭腦更聰明，自己的人生肯定會不一樣」嗎？

事實上，各位也可以從現在開始，讓大腦變得更聰明。或許很多人都認為，人的能力，在出生的時候就決定一切。不過，其實根本不是如此。

我在成為醫生的二十五年前學到的認知是：「大腦的神經細胞不會增生。神經細胞的數量，從出生那一刻就開始減少，絕對不會增加。」然而，這個神經學上的大前提，近年已經被推翻了。

研究發現，海馬迴的齒狀回，會新生一種叫做「顆粒細胞」的神經細胞。也就是說，人的大腦，每天都會持續不斷增生新的神經細胞。所謂海馬迴，是一個和人的「記憶」緊密相關的部位。

## 運動使大腦變聰明的原因

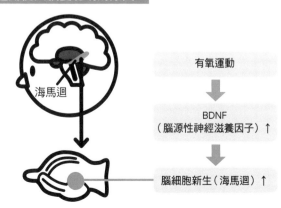

海馬迴

有氧運動
↓
BDNF
（腦源性神經滋養因子）↑
↓
腦細胞新生（海馬迴）↑

　　神經細胞的新生，必須具備BDNF（brain-derived neurotrophic factor，腦源性神經滋養因子）。研究顯示，BDNF可以透過有氧運動增加分泌。

　　換言之，從事有氧運動，可以促使大腦神經細胞不斷增生，加強記憶力，讓頭腦變得更聰明。順帶一提，會阻礙海馬迴神經細胞新生的，正是壓力荷爾蒙（皮質醇）。一旦長期累積壓力，記憶力會變差，忘東忘西的情況也會變得更嚴重。

　　如果想讓頭腦變得更聰明，只要運動就行了。以運動量來說，一次一個小時、一週兩次以上的有氧運動，就能得到非常好的大腦活化作用。

　　另外，短短二十分鐘的運動，也能刺激多巴胺分泌。所以，運動之後，專注力、記憶力、學習能力、動力等，也都會獲得提升。我一再強調，多巴胺對自我成長十分重要，而這個和自我成長有最直接關係的多巴胺，只要靠運動，就能刺激分泌。所以，當然一定要運動。

　　對想讓頭腦變聰明，或是想加速自我成長的人來說，有氧運動可以說是必備的條件。

---

### 運動後可以得到的大腦活化效果

1　專注力↑
2　記憶力↑
3　學習能力↑
4　動力↑

運動可以
加速
自我成長

---

除了健康以外，
要想「變聰明」，運動絕對不能少。

# 79 危機管理
## Manage Risks

### 盡量減少「跡近錯失」的發生

每一個工作環境都可能發生疏失和意外。對於這些疏失和意外，最好能夠事先預測，盡量預防。

在醫界，「醫療事故」必須防患於未然，因此關於危險管理的研究非常多。其中「海因利奇法則」，就是相當知名、有助於預防事故和災害的一項法則。

任職於產物保險公司技術調查部的海因利奇（Herbert William Heinrich），針對某工廠發生超過五千件以上的勞動災害進行統計，得到一個「1：29：300」的比例。意思是，如果發生1件「重傷」以上的災害，背後就會伴隨著29件「輕傷」災害，以及高達300件沒有傷害的「跡近錯失」（near miss 由於不經意或是即時的介入行動，而使其原本可能導致意外、傷害或疾病的事件或情況並未真正發生。資料來源：醫院評鑑暨醫療品質策進會）。

### 海因利奇法則

為了避免重大事故發生，必須減少輕微事故

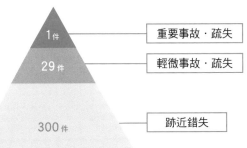

| 1件 | — | 重要事故・疏失 |
| 29件 | — | 輕微事故・疏失 |
| 300件 | — | 跡近錯失 |

參考／《精準用腦》（原書名《絶対にミスをしない人の脳の習慣》，樺澤紫苑著）

「重大事故」、「輕微事故」、「跡近錯失」會以1：29：300的比例發生。換言之，要想減少「重大事故」的發生，必須先減少「輕微事故」。最好的作法，只要減少「跡近錯失」的發生就行了。

蒐集各種「跡近錯失」的案例，針對這些一一思考對策。這樣就能減少「跡近錯失」，進而降低「輕微事故」的發生，達到預防「重大事故」的效果。

大型醫院通常都會設立「醫療事故應對委員會」，負責蒐集整理院內發生的「跡近錯失」案例。一旦發生可能造成危險事故的跡近錯失案例，醫生和護理師也有義務向委員會提出報告。委員會會針對經常發生的跡近錯失，提醒醫生和護理師注意，或是更改修正醫院的「安全守則」。

把握狀況→分析原因→採取對策。也就是說，當發生「跡近錯失」或「輕微事故」時，只要徹底分析原因，採取對策，就能預防「重大事故」的發生。

這個「事故」的說法，在工作上也可以換成「疏失」。

換言之，「嚴重疏失」、「小疏失」、「跡近錯失」會以1：29：300的比例發生。為了避免工作上發生嚴重疏失或意外，最重要的就是盡量減少平時經常發生的跡近錯失。

對於造成嚴重疏失的小小「跡近錯失」，
一個都不能放過。

# 80 時間管理
## Manage Time

## 善用一天十五分鐘的「空檔時間」

內容進行到這裡,已經針對許多輸出方法做了詳細介紹。這個時候,很多人都會面對一個問題,那就是「沒有時間做輸出」。

工作忙碌,回到家已經很晚了,接著還有家事和小孩的事情要忙……

對於忙碌的上班族來說,要找到為自己的學習時間與自我投資相關的「輸出時間」,實在非常困難。

為了自己的將來著想,必須做好管理時間,確保可促使自我成長的「輸出時間」。為此,必須花費一番工夫。

### (1) 花十五分鐘做輸出

「十五分鐘的學習」和「六十分鐘的學習」,各位覺得哪一個效果比較好?大部分的人都會選擇「六十分鐘」。也就是說,大家都認為時間愈長,學習和工作效果愈好。其實這完全錯誤。

真正重要的,其實是專注力。與其「拖拖拉拉地度過六十分鐘」,「專心十五分鐘」,學習和工作的效果更好。

決定好時限,專注力就會提高。所以不是非得十五分鐘不可。

短時間也沒關係,先決定好時限再開始做,學習和工作的效率將會大大提升。這時候,可以利用馬表或計時器來計時,更能提高緊張,專注力也會更好。例如告訴自己「在十五分鐘內寫好讀後感想」,然後只花十五分鐘專心輸出。即使是忙碌的各位,只是十五分鐘,應該也擠得出來。

大家就從一天一次十五分鐘的輸出開始吧。

## （2）活用空檔時間

忙碌的上班族，實在很難確保專心坐在桌子前的「為自己的學習時間」。就算下班回到家，因為工作疲憊，根本不會想再學習。

對於這樣的忙碌上班族，唯一可以確保每天擁有「為自己的學習時間」的方法，就是活用空檔時間。

空檔時間指的是搭電車或等電車的時間、午休剩餘的時間、等待的時間等。尤其是利用電車、巴士或開車的通勤時間，可以說是最方便利用的完整時間。

這些空檔時間，就應該拿來作為輸入和輸出的自我投資時間。

## （3）把手機當成輸出工具來活用

幾乎所有人都會把手機當成輸入工具來利用，例如瀏覽親友的社群動態、閱讀部落格文章或網路新聞等。也有很多人會把通勤時間拿來滑手機。

沒有伴隨輸出的輸入，最後只會遺忘。其中「滑手機」，就是最大的時間浪費。

手機並非百害而無一利，最好的用途，應該是作為輸出工具使用。隨時隨地都能打字輸入，就是手機的優勢。

無論是讀後感想，看完電影的想法，或是學習上的發現等，簡單三行、三個重點，五分鐘就能寫好。只要懂得善用手機，就能隨時隨地做輸出。

到頭來，就是因為覺得需要三十分鐘、甚至一個小時的完整時間來「做輸出」，所以才會辦不到。事實上，一開始只要五分鐘就好。可以的話，就給自己十五分鐘時間。

利用通勤或移動中等空檔時間，以一天五至十五分鐘的時間來說，應該可以擠得出來。所以，請各位養成這種短時間輸出的習慣。

關於更詳細的時間用法和時間術，可參考拙作《最強腦科學時間術》（原書名《神・時間術》）的詳細解說。

## 確保輸出時間的方法

❶時限十五分鐘

❷善用空檔時間

最近剛讀完
這本書……

❸把手機當成「輸出」
工具，而不是「只有
看」

如果這麼做，還是找不到時間輸出，建議可以減少輸入的時間。

假設各位現在的狀態是「每個月可以讀三本書，可是卻連一本也無法輸出」。加上工作又忙，很難再找出輸出的時間。這種時候，請把自己調整為「每個月只要讀一本書，並確實做到一本的輸出」。

「減少輸入量」的作法，可能會讓各位感到不解。對於學習模式以輸入為主的人而言，減少輸入量，會讓他們感到擔心。然而，就算輸入得再多，如果沒有輸出，很快就會忘記。也就是說，沒有輸出，輸入一點意義也沒有。

「每個月輸入三本書，但沒有任何輸出」，和「每個月輸入一本書，並輸出一本書」相比，後者肯定可以獲得成長。而且，這種作法花費的時間也比較短。

假設讀一本書要花兩個小時。少讀一本，就能擠出兩個小時的輸出時間。有了兩個小時，對於要輸出一開始讀完的書來說，已經綽綽有餘了。

再者，以學習來說，請各位要留意的是輸出的量，而不是輸入的量。也就是說，讀完一本書，就要確實地輸出一本書。

在輸出完成之前，不應該先讀下一本。等到下一本讀完，就要接著進行同一本的輸出。

當前的目標，是「每個月讀三本書，並輸出三本」。各位或許會覺得一個月三本太少。不過事實上，上班族一個月可以讀完三本書的人，恐怕連兩成都不到。

持續做到「每個月讀三本書，並輸出三本」，各位的輸出力一定可以提升到相當的程度。只要持續一年，能力肯定可以在眾人中躋身前20%。

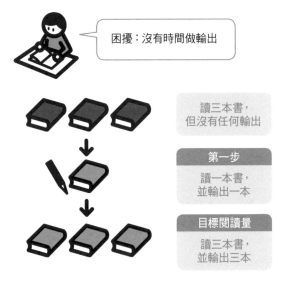

困擾：沒有時間做輸出

讀三本書，
但沒有任何輸出

**第一步**
讀一本書，
並輸出一本

**目標閱讀量**
讀三本書，
並輸出三本

為了做到輸出，可以減少輸入時間也無妨

## 「腦科學」角度的理想一日時間分配

靈感最旺盛
的時間！

**19:00 ～ 21:00**

•創意時間
和朋友或家人邊吃飯
邊聊天。或從事娛樂或運動，
儲備隔天的活力。

**21:00 ～ 22:30**

•放鬆時間
完全放鬆地度過睡前
兩個小時的時間

**23:00 ～ 6:00**

•睡眠時間
確保七個小時以上的時間

**18:00 ～ 19:00**

•通勤時間
輸入和輸出
的時間

**7:00 ～ 8:00**

•通勤時間
輸入和輸出
的時間

**16:00 ～ 18:00**

•收尾時間
決定好下班時間，
一口氣完成工作

**8:00 ～ 9:00**

•早晨活動時間
到公司附近的咖啡店，
做出最完美的輸出

**14:00 ～ 15:00**

•放慢腳步的時間
吃完飯後想睡覺，
導致專注力下降。
適合做些簡單的工作
或開會

**12:00 ～ 13:00**

•午休時間
藉著外出用餐
完全放鬆

**9:00 ～ 12:00**

•大腦的黃金時間
利用這段時間，
專心完成重要工作

根據拙作《最強腦科學時間術》製成

---

**POINT**

- 最適合輸出的時間，是一天兩次的通勤時間，以及上班前的咖啡時間。
- 每天利用同樣的節奏、做同樣的事，可提升大腦能力。
- 週末如果過得跟平日一樣，只會讓自己更累。可以用來做「平日沒有做
  的事」，藉此活化大腦。

---

「空檔時間」搭配「手機」的活用，
養成日常輸出的習慣。

# THE POWER OF
# OUTPUT

## CHAPTER5

# 提升輸出力的
# 7 大訓練

# TRAINING

# 其 **1** 寫日記
### Keep a Diary

## 最簡單、效果最好的輸出訓練法

在前面幾個章節，我為各位詳細介紹了輸出的相關知識。

不過，應該還是有很多人不清楚，到底自己要輸出什麼？又該用什麼方式？因此，本書的最後這一章，我就要為各位介紹日常生活中可行的輸出方法，以及可大幅提升輸出力的七種訓練方法。

很多時候，當決定要開始做輸出，或是試著寫文章時，都會面臨到「沒有東西可以寫」或「找不到可以寫的題材」的問題。

對於這種輸出的新手，建議可以使用的輸出訓練，就是「寫日記」。就算是「沒有東西可以寫」的人，只要回顧今天一整天，應該還是有某些事情發生才對。

透過寫日記，可以得到以下五個好處：

### （1）輸出和寫作能力提升

首先，每天寫日記可以養成輸出的習慣。寫作能力也會變好。一開始可能要花上一點時間，不過漸漸地，寫作速度會愈來愈快。透過每天寫日記，可以確實鍛鍊自己的「輸出」及「寫作」能力。

### （2）自我洞察力、自省能力、韌性提升

回顧一整天發生的事並記錄下來，等於是重新檢視、認識自己。所以，透過寫日記，可以鍛鍊自我洞察力。自我反省的能力（自省能力）也會變好，也可以客觀地掌握自己個性及思考上的缺點和弱點。

而且，透過寫日記也會提高韌性（抗壓性）。韌性又稱為「心理彈性」，韌性強的人，即便身處高壓的環境中，也可以巧妙地避開壓力。也就是說，比較不會罹患心理疾病、不容易受挫。

「日記療法」在精神醫學上，也被當成是效果非常好的治療方法。透過寫日記，心理會變得更堅強。

### （3）發現「快樂」的能力提升

日記的主要內容，基本都是正面、開心的事。藉由每天回想一整天「正面」和「開心」的回憶，可以訓練自己的正向思考。也會更容易在日常生活中發現「快樂」。

在「持之以恆」一節當中提到，發現「快樂」，是「持之以恆」的必要條件。而發現「快樂」的方法，就是「寫日記」。

發現「快樂」的能力變好，意思就是多巴胺更容易分泌。如此一來，工作和學習會變得更容易持之以恆，專注力和記憶力也會提高，更容易達到自我成長。

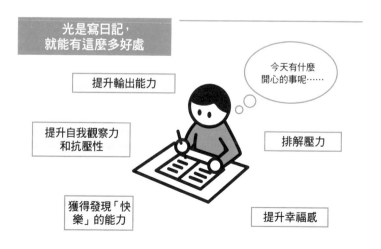

**光是寫日記，就能有這麼多好處**

今天有什麼開心的事呢……

提升輸出能力

提升自我觀察力和抗壓性

排解壓力

獲得發現「快樂」的能力

提升幸福感

### （4）壓力獲得排解

把今天發生的事寫成文章，這是一種「表現」，同時也會抒發內心的情緒。也就是說，可以獲得排解壓力的效果。就算不找人傾吐，只要寫在紙上或日記裡，壓力就能減輕。這一點已經經過許多心理實驗的證實。

### （5）變幸福

美國楊百翰大學的一項心理研究，將一百名受驗者分成兩組，要求每人寫日記，時間長達四週。其中一個組別只能寫開心、正面的事，另一組單純寫下當天發生的事。結果發現，日記內容開心、正面的組別，比起單純做記錄的組別，幸福度以及對生活的滿意度都比較高。

實驗進一步請受驗者將自己寫的正面內容，唸給朋友或重要的人聽。結果發現。受驗者的幸福度及生活滿意度，都提升了二至三倍。

只是在日記上寫正面的內容，幸福度就會提升。甚至分享這些內容之後，幸福度又會再提升。假設只是每天花個十分鐘寫日記，就能變幸福，這麼棒的事，不嘗試就太可惜了。

寫日記雖然只是一種簡單又理所當然的輸出，但「寫」，不僅可以提升工作能力，還能使強化心靈，提高幸福感等，好處多到數不盡。希望各位也可以開始嘗試著「寫日記」。

我每天都會發行電子報，至今已持續十三年。換言之，等於寫了十三年的日記。之所以能夠持續這麼久，全是因為透過「公開」，獲得數萬人的閱讀。如果只是寫給自己看的日記，我想應該無法持續十三年這麼久。

　　對我每天的日記感興趣的人，可以至以下的「公開電子報」上瀏覽。

精神科醫師‧樺澤紫苑　電子報

登錄 →

http://kabasawa.biz/b/maga.html

**寫日記～具體寫法～**
**先從花「五分鐘」寫「三行」開始**

　　相信各位已經知道寫日記的各種效果了。既然如此，具體來說，日記到底要怎麼寫呢？

**（1）寫正面的內容**

　　我建議的方法是，寫「正面內容」。

　　針對一整天發生的正面的事、快樂的事、開心的事等，挑選「三件事」來寫。一開始可以用條列式的方式，寫出三行的內容。等到習慣這個方法之後，再針對這三件事詳細描述、增加行數。以「條列式」→「短文」→「長篇」的方式一步步提升。

**（2）不要求質和量，重點是「每天寫」**

　　如果一開始就要求「多」，絕對持續不了太久。不需要以「寫多」（量）或「寫好」（質）為目標，最重要的是「每天持續地寫」。

就算只有三行也好，每天不斷地寫。只要可以每天持續寫，無論是誰，最後都可以輕鬆寫出長篇，而且文章的品質也會變好。

### （3）事先決定時限

除了以上幾點之外，建議可以先設定好時限，而不是拖拖拉拉地花很長的時間來寫。時限可以是「五分鐘」或「十分鐘」。如果是條列式的三行或短文，就設定五分鐘。即便是長篇，十分鐘也可以寫出很多字了。

### （4）將負面的事轉換成正面來寫

有些人一天當中，可能找不到三件正面的事。或者，也有些人會想藉由寫出「負面」、「難過」、「痛苦」的事來發洩、排解壓力。這種時候，不妨把負面的事，傳換成正面的態度來寫。

舉例給大家看：

---

（負面範例）

「今天被主管痛罵了一頓。因為資料晚了一個小時才交。不過才一個小時，有必要那麼生氣嗎？要是早上先提醒我，我也不至於完全忘了這回事。時間都過了，才問我怎麼沒交，心機也未免太重！」

（正面範例）

「今天被主管痛罵了一頓。因為自己晚了一個小時才交出資料。這都是因為我自己忘了把時間寫在記事本上。以後這種有時限的工作，一定要記住把時間寫下來！不能再犯第二次！」

---

藉著練習把負面轉換成正面，不僅可以提升自我洞察力、自省能力和韌性，也能強化自己的正向思考。

### （5）從非公開到公開

一開始可以固定用同一本筆記本或是日記本來寫，或是以電腦文書軟體來寫也可以。

等到習慣之後，可以考慮在社群媒體上公開日記。所謂公開，就是讓他人可以閱讀。只要想到「會被看見」，自然不會寫出太差的文章。

以結果來說，在「寫出更好的文章」的心情的作用下，寫作力和輸出力都會有明顯的進步。

我自己每天都會將當天發生的正面的事、開心的事、刺激、感動的事、讀過的書和看過電影的感想等，全部都寫在電子報上。

順帶一提，我的電子報「精神科醫師‧樺澤紫苑的公開電子報」，目前的訂閱人數有六萬人。由於讀者的反應和回響相當熱烈，使得我也十分樂於和大家分享自己的體驗和感動。比起寫日記給自己看，我的動力提高了六萬倍之多。

養成寫「開心的日記」的習慣，
提高心靈和幸福的程度。

# 其 **2** 記錄健康狀態
## Record Health

### 每天記錄「體重」、「狀態」和「睡眠時間」

很多人就算想寫日記，卻沒有時間，或是無法持續每天寫。針對這些人，有一個一天只要花一分鐘就能完成的輸出訓練。

那就是「記錄自己的健康狀態」。這是我每天的習慣，一早就將自己的「體重」、「當天的狀態」、「睡眠時間」等，記錄在記事本上。

#### （1）體重

我每天早上一起床就會沖澡，在沖澡前先量體重，把體重記錄下來。

每天量體重，只要體重一增加，當天就會注意自己的飲食。如果體重減少，就會覺得一定是健身的效果，變得更有動力上健身房。各位如果想減重，一定要每天記錄「體重」。

#### （2）當天的狀態

每天早上睜開眼睛的瞬間，我會以-5～+5共11分，來評估當天的狀態。普通是「0」，狀態非常好是「+5」，狀態不好就是「-5」。

除此之外，也可以回想前一天做過的事，為自己的狀態寫下理由。

一開始，要把自己的狀態轉化為數字，不是一件容易的事。不過，隨著每天持續記錄，很快就能正確掌握自己的狀態和健康。

事實上，多數的人都不知道自己目前的狀態是好是壞。例如明明快感冒了，卻勉強自己上班，結果讓感冒惡化。或者，壓力影響

到身體狀態，卻繼續勉強自己，最後變成憂鬱症。

　　我過去二十年來，從來沒有因為感冒惡化而請假。這全是因為我透過每天記錄，掌握自己的健康狀態，及早做出應對的關係。

### （3）睡眠時間

　　睡眠時間非常重要，如果未滿六小時，會導致專注力下降，工作的執行力變差，罹病的風險大幅增加。每天的睡眠時間，最好確保有七個小時以上。為了做到睡眠管理，就必須每天記錄睡眠時間。

　　對照「睡眠時間」和「當天的狀態」就會發現，睡眠時間一旦太少，「當天的狀態」就不好。

　　針對以上三點記錄自己的健康狀態，時間花不到一分鐘。透過每天記錄，可以檢視每天自己的健康，隨時發現「狀態不好」的徵兆，因此就能在疾病發生前做出應對。

#### 健康記錄範例

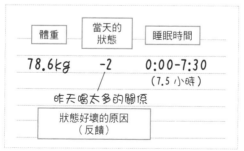

養成「早上一起床就記錄」的習慣

連同輸出力，
也一起提高自己的健康意識吧。

# 其**3** 寫讀後感想
## Write a Book Review

### 讀完書之後，一定要寫下感想

想提升工作能力、在工作上促使自我成長的人，最適合鍛鍊輸出力的方法，就是「寫讀後感想」。

本書將所有的「輸出」方法，透過有系列、完整的方式做了介紹，是一本內容最完整的輸出大全。近年來，「輸出」一詞被頻繁使用，不過，在幾年前，市面上幾乎不見以「輸出」為主題的相關書籍。

舉例來說，坊間關於閱讀術的書籍相當多，幾乎所有都是鼓勵「速讀」或「廣泛閱讀」。完全沒有人提到「輸出對閱讀的重要性」。

日本第一本以此為主題的書，正是拙作《高材生的讀書術》。

許多人之所以讀過就忘，都是因為他們只是讀，輸入完就結束了。不過，如果沒有輸出，大腦不會留下記憶。對於閱讀來

| 閱讀的好處 |
| --- |
| （1）獲得精煉過的知識 |
| （2）獲得時間 |
| （3）提升工作能力 |
| （4）獲得健康 |
| （5）變聰明 |
| （6）人生出現巨大轉變 |
| （7）達到突飛猛進的自我成長 |
| （8）變開心 |

說，輸出才是重點。因為讀完之後做輸出，大腦才會留下記憶，促使自我成長。

本書提出了許多革命性的內容，加上關於輸出對於念書和學習的重要性，過去從來沒有一本書做出如此明確的解釋，因此才造就本書成為銷售十五萬冊的暢銷書。

關於《高材生的讀書術》一書的內容，簡單來說就是：「讀完書之後要寫感想。寫得出感想，記憶就會深深烙印在大腦裡，習得書中的內容，達到突飛猛進的自我成長。」

本書上市之後，我的Facebook和部落格湧入非常多讀者的讀後感想，動態上每天都會出現讀者的讀後感想和書評。

不僅如此，Amazon上的書評也一下子暴增。這些實際寫過讀後感想的人，應該會有切身感受──透過寫讀後感想，只是這麼簡單的一個動作，真的就能把書中的內容牢記在大腦中。

要想牢記書中內容、進而內化，達到自我成長的目的，必須做的一個步驟就是，讀完書之後，馬上寫下讀後感想。

---

### 寫讀後感想的好處

（1）牢牢記住書中的內容
（2）對內容有更深入理解
（3）對內容有更清楚的整理
（4）提升寫作力
（5）提升思考力和想法
（6）提升自我洞察力
（7）達到突飛猛進的自我成長

---

參考／《高材生的讀書術》（原書名《読んだら忘れない読書術》，樺澤紫苑著）

**寫讀後感想～讀後感想的範本～**

**即便是剛開始嘗試的人，也能在十分鐘內寫出感想**

　　寫讀後感想，可以留下深刻記憶。話雖如此，對於從來沒有寫過的人來說，很多時候會不知道該寫什麼，以至於一個字都寫不出來。

　　因此，在這裡我要介紹各位一個即便是沒有寫過的人，也能「十分鐘就能寫出讀後感想的範本」。只要依據這個範本填入內容，任何人都能在短時間內，輕鬆地寫出旨意清楚的讀後感想。

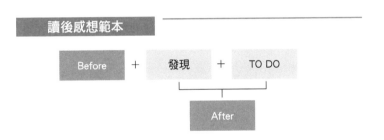

**讀後感想範本**

Before ＋ 發現 ＋ TO DO

After

　　我平時常用的讀後感想範本，架構十分簡單。

　　就只是「Before」＋「發現」＋「TO DO」而已。更簡單來說，就是「Before」＋「After」。

　　前半段先寫讀書之前的自己（Before），例如有什麼疑惑、困擾等。後半段針對讀完書之後的自己（After）做描寫，例如原本的問題，透過讀完書，獲得什麼樣的解決。

　　「After」可以拆解成「發現」和「TO DO」。因為要想獲得學習、促使自我成長，必須要有「發現」和「TO DO」才行。

「發現」和「TO DO」一旦明確，接下來只要去實踐，就能得到自我成長。讀後感想的用意，是為了促使自我成長。從這一點來說，必須盡量提出「發現」和「TO DO」才行。

**基本型態**

| Before | 在讀這本書之前，我…… |
| --- | --- |
| 發現 | 讀了這本書之後，我發現…… |
| TO DO | 今後，我打算…… |

　一開始就挑戰太長的句子，難度太高，所以，剛開始先以三行來完成整個架構就好。讀完書之後，針對「Before」、「發現」、「TO DO」，分別寫出一行的內容。

**三行架構**

| Before | 我是個非常容易緊張的人 |
| --- | --- |
| 發現 | 適度的緊張可以提高專注力和表現 |
| TO DO | 先從「深呼吸」開始練習 |

《適度緊張能提升兩倍能力》讀後感想

　接下來就是根據這個架構，寫入內容。

### 寫入內容

| | |
|---|---|
| Before | 以前，我是個非常容易緊張的人。我會責怪自己為什麼這麼容易緊張，甚至經常因此討厭自己。我不知道自己到底該怎麼做，才能戰勝緊張的情緒。 |
| 發現 | 如此容易緊張的我，讀到《適度緊張能提升兩倍能力》提到「正腎上腺素一旦分泌，適度的緊張，反而可以提高專注力和表現」時，簡直震驚到說不出話來。<br>緊張原來不是「敵人」，而是「戰友」。這對我來說是非常重要的發現。原來「容易緊張」，是成功的必備條件。過去我總是責怪「容易緊張」的自己，現在不禁覺得自己實在愚蠢。 |
| TO DO | 這本書介紹了很多控制緊張的方法，包括「深呼吸」、「姿勢」、「笑容」等。<br>我想先從簡單的「深呼吸」開始練習，學會控制過度的緊張。現在，我已經不再害怕緊張了。 |

以上內容大約有四百字，約為一張稿紙的份量。

只是把內容填入短短三行的架構中，不到十分鐘的時間，就寫出一篇相當完整的讀後感想。

一開始，完全不需要寫出多縝密的內容。簡單地寫，大腦反而可以對內容更瞭解，也容易記住，達到自我成長的目的。

**其他範例**

| Before | 我幾乎從來不運動 |
| --- | --- |
| 發現 | 每個星期兩個小時的有氧運動，可以活化大腦 |
| TO DO | 開始上健身房做有氧運動 |

《最強腦科學時間術》讀後感想

**寫入內容**

| Before | 我幾乎從來不運動。因為工作很忙，幾乎沒有時間運動。這也是沒辦法的事。 |
| --- | --- |
| 發現 | 不過，前幾天讀《最強腦科學時間術》時，裡頭提到「每個星期兩個小時的有氧運動，可以活化大腦」，而且還可以「把認知症的風險降至三分之一」。<br>我覺得自己最近愈來愈容易忘東忘西，或許，這跟我運動量不足有關係。 |
| TO DO | 既然每個星期運動兩個小時就有效果，我也想嘗試看看。一週兩個小時，或許我可以想辦法擠出時間。 |

透過寫感想，
讓「閱讀留下記憶」。

# 其 **4** 發送情報
Offer Information

## 好處遠比壞處多

說到「在網路上發送情報」，很多人都會感到害怕或擔心，例如「擔心被誹謗中傷」、「不想看到負面的回應」等。根據我二十年來發送情報的經驗，「得到負面回應」這種讓人不悅的事情當然發生過，不過，依據我的實際感受，開心的事遠遠多出二十倍以上。

發送情報的好處和壞處的比例，差不多是20：1，好處遠勝過壞處。所以我不太能理解不願意這麼做的人。我想，他們應該只是不知道發送情報的好處吧。

以下就為各位介紹根據我二十年經驗所瞭解到、發送情報帶來的「七大好處」。

### （1）反饋的效果很好

運動選手成功與否，決定於教練和總教練的指導。自己一個人再怎麼努力，如果得不到正確的反饋（修正錯誤姿勢等），不可能為自己帶來成長。

寫文章也是一樣，沒有人看過的文章，不論寫幾萬篇，文章也不會進步。如果可以發送情報，例如在網路上寫文章，就能得到回應。

而且，根據文章好壞，點閱人數的差距非常大。因此，每天都可以學到分辨「好文章／壞文章」、「讀者喜歡的文章／讀者不感興趣的文章」。

### （2）提升寫作力，鍛鍊輸出力

一旦得到有用的反饋，只要修正之後繼續寫，文章就會進步。

透過發送情報，輸出力肯定會突飛猛進。輸入的質和量也會變高，加速輸入、輸出、反饋的循環，最後為自己帶來急速的成長。

### （3）帶來緊張感

很多人會擔心，在網路上寫文章，「萬一被批評怎麼辦？」「萬一受人誹謗怎麼辦？」「萬一造成罵戰怎麼辦？」我這二十年來，一直都在發送情報，追蹤者多達四十萬人，但是從來沒有引發任何一場罵戰。罵戰這件事，不是簡單就能引起的。

在網路上寫文章會伴隨著責任，所以應該盡量避免招人誤會或誤解的用詞。正因為這種緊張感，所以寫的時候會更專注、更認真。自然文章就會進步，獲得自我成長。

### （4）吸引情報和眾人靠近

發送情報使得輸出的質和量獲得提升之後，連帶地，輸入的質和量也會變好許多。因為透過網路，會得到許多抱持肯定態度的讀者給予的情報。其中當然也會包含自己不知道、或是不可能得知的情報。除此之外，也會得到很多類似「別本書是這麼說的」、「其他學者提出反對意見」之類情報。

這麼一來，自己就能瞭解到更廣泛的知識和情報，而且變得更有深度。或者，「錯誤」和「誤解」也能得到修正。由於書裡的錯誤訊息，寫了就無法修正，因此如果可以事前透過網路的情報發送，得到修正的機會，可說是再感激不過的事了。

在網路上發送情報之後，也會吸引很多人靠近，各種出席邀約也會增加，人際關係變得更廣。

### （5）職場上的評價獲得提升

有些人會說：「我只是個上班族，發送情報對我來說，一點好處也沒有。」這是完全錯誤的想法。我所主辦的「樺澤塾」，多

數的學員都是上班族。他們經常告訴我，自從在部落格發送情報之後，自己在公司的評價也變好了。

在網路上發送情報，主管和同事等公司裡的人，也會看到你發送的情報。最後，公司內部就會開始流傳你是個「熱中學習」、「有閱讀習慣」、「善於寫文章」、「熟悉○○領域」的人。

甚至，你會得到上台當講師的機會。例如「你要不要針對○○在內部讀書會上跟大家聊一聊？」。或是被提拔為小組負責人，身負重要工作等。這些都是我經常聽到的例子。

不管你再怎麼努力學習、讀再多書，如果沒有輸出，別人不可能會知道你的「學習」和「努力」。

透過在網路上發送情報，你的「學習」和「努力」可以獲得適當的評價，最後受到提拔，在公司裡的機會也變多了。


## （6）採訪、上節目、工作等邀約不斷找上門

在網路上發送情報，累積某種程度的人氣之後，報紙或雜誌的採訪就會接踵而至。連帶地，廣播和電視的節目邀約也會找上門。另外還有出版和工作邀約。

媒體人平時都是在網路上蒐集情報，因此，一旦自己的文章躍上搜尋引擎的前幾名，這類型的工作邀約就會不斷暴增。當然，伴隨而來的就是可以得到副業收入。


## （7）變快樂

我建議大家在網路上發送情報的最大理由，是因為這麼做可以讓自己「變快樂」。每天，有好幾萬人因為自己獲得情報，自己也會收到許多感謝的信件和訊息，實際感受到自己的知識和經驗，為許多人提供了幫助。這些都會滿足自己的「承認需求」和「自我實現需求」，連帶為自己帶來心靈上滿滿的幸福感，獲得滿足。

　　而且，「發送情報」這種提供社會有用情報的舉動，也可以說是一種社會貢獻。雖然微不足道，但還是可以感受到自己對社會帶來正面影響，自然每天會變得更快樂。

　　透過發送情報，可以獲得這麼多好處，已經完全凌駕可預期的壞處。

**發送情報無可比擬的好處**

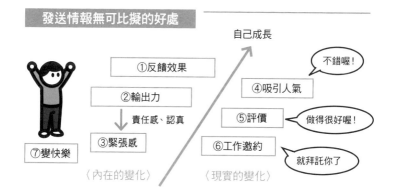

自己成長

①反饋效果

②輸出力

責任感、認真

③緊張感

⑦變快樂

〈內在的變化〉

④吸引人氣

不錯喔！

⑤評價

做得很好喔！

⑥工作邀約

就拜託你了

〈現實的變化〉

試著發送情報就對了，
眾多好處遠勝過風險。

**CHAPTER5 TRAINING**

其 **5** 在社群媒體上發文
Post on Social Media

## 發送情報的第一步──「以熟人為對象」

發送情報的第一步，就是「在社群媒體上發文」。嚴格來說，社群媒體並不是發送情報的地方，而是朋友和熟人之間「交流、往來」的地方。

發送情報指的是「對不特定多數發送情報」，不過，社群媒體終究還是讓人覺得是「以熟人為對象」。

然而，如果覺得一開始就以部落格這種向不特定多數發送情報的方式困難度太高，不妨可以從在Facebook或Twitter上發表日記式的貼文開始嘗試，例如看完書或電影的感想、自己的生活體驗等。

關於在社群媒體上發文，有以下幾點必須注意：

### （1）個人情報的操控權，掌握在自己手中

在Facebook裡，有關於生日和地址的欄位，但完全沒有義務非填寫不可。如果不想寫，不要寫就是。沒有寫的資料，就不會隨便流出去。

到頭來，「個人情報要公開到什麼地步？」，其實可以依照自己的意思決定。但幾乎很多人都沒有意識到這一點，就這樣洩露了自己的個人情報。

以我來說，就沒有公開自己的地址。

### （2）即便是社群網站，不特定多數人一樣看得到

Facebook和Twitter基本上幾乎都是自己的追蹤者在看。但是，如果貼文藉由分享或轉貼流傳，閱讀人數也可能高達數萬或數十萬人。關於這一點，必須隨時留意。

就經常發生因為覺得「反正只有朋友看得到」，所以放上一些有法律或道德上有問題的照片，沒多久照片就被四處流傳，引發罵戰，甚至還登上新聞媒體版面。

發文時，應該是以「就算被他人看到，也不會覺得丟臉」為前提謹慎發文，而不是「反正只有朋友會看，說什麼都沒關係」。

### （3）真的必須使用真實姓名和面貌嗎？

在網路上發送情報，一定會遇到一個問題是：一定要用真實姓名和面貌嗎？

雖然也有使用暱稱、從不露臉，卻擁有廣大人氣的部落客，但除非是文章相當有趣且充滿吸引力，否則不會受到注目。我認為只有少數例外。

以「暱稱、不露臉」的方式發送情報，輸出帶來的好處，就不會發生在真實世界的自己身上。例如，就不可能獲得「職場上的評價變好」、「身邊吸引更多人靠近，人際關係變得很多元」的好處。而且，既然是「不露臉」，演講邀約、電視節目邀約等，也幾乎不會找上門。

以「暱稱、不露臉」的方式發送情報，就像在虛擬實境中玩電玩一樣。在那個世界裡，或許評價很高、很快樂，但在真實世界裡，自己的評價依舊，沒有任何改變。

由於幾乎沒有得到實際的好處，因此以長遠來看，最後很多人都選擇放棄。相較之下，以「真實姓名、面貌」來發送情報，絕對可以獲得更多好處。

對「露臉」沒有自信的人，也有個小技巧，可以使用側臉或背影的照片。由於沒有義務一定要使用類似證照的照片，所以就全憑各人的發揮了。

### （4）樂於交流

社群媒體吸引人的魅力，就在於「交流」。透過回覆他人的留言，貼文會持續流傳，每天被更多人看見。只要感到快樂，交流就能持續下去。透過樂於交流、持續發文，輸出就會漸漸變成一種習慣。

### （5）每天發文

在社群網站上，基本上最好是每天發文。因為社群網站帶有「交流」的功效，每天持續發文，感覺就像每天早上向人打招呼一樣。

如果一個星期才發文一次，不僅容易被人遺忘，也無法加深彼此的緊密度。那麼，發文就沒有意義了。

社群媒體的運用相當複雜，我已經將內容全部彙整在二〇一二年出版、可說是社群媒體活用教科書的《社群媒體文章術》（暫譯，原書名《ソーシャルメディア文章術》）當中的〈社群媒體的七大原則〉一章裡。

這些內容現在看來，一點也沒有不合時宜的疑慮，反而可以說是相當普遍的「七大原則」。

## 社群媒體的七大原則

【原則】1　社群媒體就是一個「社會」

【原則】2　社群媒體是個透明的「玻璃屋」

【原則】3　社群媒體使用者的目的是「蒐集情報」和「交流」

【原則】4　社群媒體是最厲害的品牌行銷工具

【原則】5　社群媒體上最重要的感情是「認同」

【原則】6　社群媒體的「擴散力」很強

【原則】7　在社群媒體上發文的目的，是為了獲得「信賴」

參考／《SNS 專家教你的社群文章術》

一面用愉快的心情進行輕鬆的交流，
同時學習發送情報的素養。

# 其6 寫部落格
## Write a Blog

## 成為「人氣部落客」的三大祕訣

對於想在網路上發送情報的人,我最建議的方法,就是透過部落格。社群網站由於觸及不到不特定多數,因此無法發送情報。電子報和YouTube則是門檻太高,很難持之以恆。

不過,如果是部落格,只要會寫文章,誰都可以辦到,而且門檻也低。一旦寫出人氣,同樣可以吸引數萬人點閱,甚至可能以身為部落客為生。也就是說,部落格容易入門,且可能性無限。

加上前述的「發送情報的好處」,部落格還有兩個很大的好處。一個是「容易被分享」。我曾經做過實驗,在Facebook和部落格貼上同樣的文章,結果,部落格文章的分享人數,是Facebook的五倍以上。

就算是新手,只要文章內容夠好,分享會產生連鎖效應,一篇文章,就有可能獲得數萬次點閱率。從「讓不特定多數人看到」的情報發送目的來看,部落格可說是最適合的媒體。

部落格的第二個好處,是透過和Google分析連結,「可以針對點閱率詳細分析」。透過即時解析,連現在有幾個人正在閱讀文章,也都能知道。藉著分析什麼樣的文章可以吸引點閱、獲得人氣,可以獲得針對文章的詳細反饋。

觀察點閱分析,可以知道有這麼多人在看自己的部落格,因此也會讓人提高鬥志,產生「繼續寫」的動力。

### 【使部落格成功的三大祕訣】

既然開始寫部落格,應該也有人會希望成為人氣部落客,或是

將來靠寫部落格賺錢。對於有這種想法的人，以下我要介紹開始寫部落格時非常重要的「使部落格成功的三大祕訣」。

### （1）一定要有獨立網域

開始寫部落格時，經常有人會問：「不能用Ameba（日本網路公司推出的社交網路服務，其中包括有部落格）嗎？」除了藝人等使用「官方帳號」寫部落格的特殊情況之外，最好還是別選擇Ameba。

因為使用Ameba的壞處非常多，包括不能插入檢索引擎、無法自己貼廣告、禁止商業目的的使用等。如果以「將來想靠寫部落格賺錢」這一點來看，最好是取得獨立網域，在WordPress等平台上架設自己的部落格。

### （2）每天更新

部落格基本上要每天更新。作為人氣部落格，必須累積某種程度的文章數量才行。如果一星期更新一次，文章數量永遠不會增加，對成為人氣部落格來說非常困難。必須一天更新一篇文章，並持之以恆。在這當中，自己的寫作能力也會進步，寫出吸引點閱的文章。

### （3）100－300－1000法則

我花了約二十年的時間，經營各種網路媒體，最後，我得到一個有助於提升點閱率的法則，叫做「100－300－1000法則」。

以部落格來說，在100篇、300篇和1000篇文章的前後，分別有一個可以大幅提升點閱率的重點。首先，當文章超過100篇時，每天都會有固定的人來看部落格。超過300篇時，自己的文章會顯示在搜尋引擎結果的前幾頁當中，有愈來愈多人會透過搜尋引擎找到自己的部落格。當文章超過1000篇時，顯示在搜尋引擎結果第一

頁的文章會愈來愈多，每個月可以達到數萬至十萬瀏覽量以上的點閱。

從Google搜尋引擎的運作來看，好的文章只要達到1000篇以上，很容易就會被認定是「優質部落格」和「人氣部落格」，連帶也會使得部落格在搜尋引擎上的評價愈來愈好。

既然要開始寫部落格，最少也要有100篇的文章，否則毫無意義。想要成為注目焦點，至少必須持續三年才行（一天一篇文章＝1000篇文章）。

三年對某些人來說，或許太久了點。不過，如果可以樂在其中，三年一眨眼就過去了。

## 部落格的「100—300—1000 法則」

| 100 篇 | 有固定粉絲，每天有一定程度的人看文章 |
|---|---|
| 300 篇 | 透過搜尋引擎找上部落格的人增加 |
| 1000 篇 | 被認定為「優質部落格」和「人氣部落格」，每個月有數萬至十萬的瀏覽量 |

很多人應該都想透過發送情報賺錢，或是獨自創業。

一般人都會認為，想靠發送情報為生，幾乎是不可能。不過，光是我的朋友和熟人之中，就有半數以上的人，都是靠網路或發送情報為生。

只要可以用正確方法寫出優質的文章，並在固定時間內，發送一定數量，一定有機會成為注目焦點。而且實際上，這樣的人還不少。

在以「金錢」為貨幣的資本主義當中，「資本家」和「勞工」

之間存在著階段落差。然而，在今天以「情報」為貨幣的「數位資訊化社會」當中，是要當個「情報接受者」、還是成為「情報發送者」，決定你的輸贏。因為情報接收得愈多，花費愈高。相反的，不斷發送情報，收入會隨之增加。各位想成為哪一種人呢？

接下來即將進入人工智慧的時代。如果只會做大家都會做的事，擁有透過搜尋引擎、大家都會知道的知識，這樣的人，恐怕會被人工智慧取代。在接下來的社會中，重要的是個性，以及狂熱而專精的知識和經驗。

在人工智慧的時代，發送情報的意義更為重要。我確信，在接下來的時代，發送有價值情報的情報發送者，將會愈來愈閃爍光芒。

## 數位資訊社會的架構

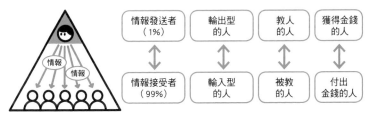

各位想要
如何生存呢？

| 情報發送者<br>（1%） | 輸出型<br>的人 | 教人<br>的人 | 獲得金錢<br>的人 |
|---|---|---|---|
| ⇕ | ⇕ | ⇕ | ⇕ |
| 情報接受者<br>（99%） | 輸入型<br>的人 | 被教<br>的人 | 付出<br>金錢的人 |

是當個輸入型的「情報接受者」，
還是輸出型的「情報發送者」？

 持續不斷發送有價值的情報，
靠部落格為生不是夢想。

## 其 **7** 寫興趣
### Write About a Hobby

### 活用興趣知識，寫出「打動人心」的文章

我們經常可以聽到，有些人想嘗試發送情報，可是卻不知道要寫什麼、找不到可以寫的題材。這種時候，建議可以「寫自己的興趣」。

以我來說，興趣就是電影。我習慣看完電影回到家之後，把看完之後最真實的想法寫下來，放到Facebook或Twitter上。隔天或兩三天後，等到可以冷靜地回頭去看自己的文章之後，再將內容整理成影評，放到電子報上，並發表在部落格。

喜歡電影的人很多，只要是和電影相關的文章，或是針對近期話題性的電影來寫，就能得到相當多的注目。

### （1）針對自己擅長的主題寫

無論是電影、電視、動漫、戲劇、演奏會，或是棒球、足球等運動，或是小吃等美食，或是電玩、手機應用程式，或者是偶像團體等，什麼主題都可以。只要能夠針對自己的興趣詳細地寫，就能成為文章。

每個人應該多少都有一兩個比他人更瞭解的興趣、運動或擅長的事。或許覺得「比自己更瞭解的人還有很多」，但就算不是專家的程度，只要有「高中全班最厲害」左右的程度，就能寫出十分吸引人的文章。

### （2）愈狂熱、專精的內容，反應愈好

愈狂熱、專精的內容，反應愈好。狂熱、深入、專精。內容愈深入的文章，反應也會愈好。

愈是在意多數讀者，只是「寫一般讓大家看得懂的內容」，反

而反應會變得冷淡。各位也快挖出你的冷知識，盡情發揮地寫出狂熱、專精的文章吧。

### （3）寫出「感想」、「意見」、「發現」

發表興趣文章的訣竅，就是在裡頭放入自己的「感想」和「意見」，並且加入自己的「發現」。

讀者認同的，不是你「看過電影」的事實，而是你「看完電影覺得○○」的感覺。如果少了「感想」和「意見」，不可能喚醒認同。

甚至，如果寫出「發現」，會讓人覺得「我也想看這樣的電影！」，進而改變了讀者的行動。

如果看到讀者「我去看了你介紹的這部電影，真的很好看！謝謝你的分享！」的留言，我會很開心自己發送了這樣的情報。

### （4）喚醒讀者的「感情」和「行動」

喚醒讀者的「感情」和「行動」，是一篇好文章必須具備的條件。如果無法喚醒任何感情和行動，讀這樣的文章，只是在浪費時間，還不如不看。

關於「寫興趣」，有些人會針對個人的興趣和關心的事去寫。如果文章「只有自己」看得懂，就不算是發送情報。

寫文章時必須留意，自己的文章「是否提供讀者價值？」，如此才能寫出有程度的文章。

不快樂，就不可能「持之以恆」。「寫興趣」容易切入、容易持續，而且容易引起反應。對於養成輸出習慣來說，是非常推薦的一個選擇。

把自己的「喜好」，
用更狂熱、專精的方式寫出來就好。

# 結語

　　要使人生變得更好，輸出很重要。

　　讀完本書，相信各位已經瞭解其中原因。

　　我開始落實輸入和輸出「3：7」的黃金比例，是四十歲以後的事。從那之後的十年內，我寫了二十八本著作，發行了三千則以上的電子報，更新上傳了一千五百部的影音。

　　比我還早發現輸出重要性的各位，接下來的十年內，肯定可以獲得突飛猛進的成長，過著精采的輸出人生。

　　已經年過四十的人，也不必感到沮喪。轉動輸入和輸出的循環，對大腦是最好的鍛鍊。就算已經不年輕，只要持續每天「學習」、「自我成長」、「獲得新發現」，肯定每天都可以過得很快樂。

本書的應用範圍，不限定在「學習」和「工作」上。說和寫，是人與人之間交流的方法。換言之，輸出的方法，其實也就是溝通方法。

透過「非語言溝通」、「自我揭露法則」、「討論」、「讚美／斥責」等輸出·溝通方法的活用，各位的人際關係將會大幅改善，多了親密的朋友，找到人生的伴侶，夫妻和親子關係變得更親密等，好處非常多。

無論各位是個多完美的人，如果沒有做到輸出，身邊的人不可能知道你的「魅力」和「實力」。

實踐本書介紹的輸出法，你的魅力和能力將會被更多人看見。你肯定可以獲得適當的評價，受到信賴，人際關係變得豐富，擁有快樂的人生。

身為精神科醫生的我，之所以動筆寫下這本囊括所有「輸出」相關內容的商管類書籍，是因為我希望可以幫助更多人，從工作或學業的壓力，以及人際關係的煩惱中，獲得解脫。因為，這一切的重要關鍵，就在於「輸出」。

當輸出成為各位如呼吸般的習慣時，過多的壓力和煩惱，就能獲得大幅的減輕。最後，無論是心理或生理疾病患者和生病的人，肯定會愈來愈少。

假使本書可以讓更多人養成輸出的習慣、減少罹病的患者，對於身為精神科醫師的我，將是最幸福的事。

精神科醫師　樺澤紫苑

# 參考書籍

● 《哈佛最受歡迎的快樂工作學》（*The Happiness Advantage: How a Positive Brain Fuels Success in Work and Life* ／尚恩‧艾科爾 Shawn Achor）

● 《記得牢，想得到，用得出來：記憶力、理解力、創造力的躍進術》（*How We Learn : The Surprising Truth About When, Where, and Why It Happens* ／班奈狄克‧凱瑞 Benedict Carey）

● 《大腦當家（最新增訂版）：12 個讓大腦靈活的守則，工作學習都輕鬆有效率》（*Brain Rules: 12 Principles for Surviving and Thriving at Work, Home, and School* ／約翰‧麥迪納 John Medina）

● 《翻轉你的工作腦》（《脳を活かす仕事術》／茂木健一郎）

● 《圖解記憶法：給大人的記憶術》（図解大学受験の神様が教える記憶法大全／和田秀樹）

● 《「知」的處理軟體：情報的輸入與輸出》（暫譯，知のソフトウェア　情報のインプット＆アウトプット／立花隆）

● 《銀座 NO.1 女公關的獵男說話術：想追就跑不掉、想戀就愛得到》（元銀座 No.1 ホステスの心理カウンセラーが教える　彼の心を動かす「話し方」／水希）

● 《嚴禁濫用！腹黑心理學：讓人聽話的人心操控術》（暫譯，乱用を禁ズ！ワルの心理学 思いのままに人を操る法／心理之謎探究會）

● 《答案：如何掌控你的人生，成為你所夢想的人》（暫譯，*The Answer: How to Take Charge of Your Life & Become the Person You Want to Be* ／亞倫‧皮斯、芭芭拉‧皮斯 Allan Pease & Barbara Pease）

● 《道歉的研究》（暫譯，謝罪の研究／大淵憲一）

● 《史蒂芬‧金談寫作》（*On Writing: A Memoir of the Craft* ／史蒂芬‧金 Stephen King）

● 《小圈子‧大社交》（*Grouped: How Small Groups of Friends Are the Key to Influence on the Social Web* ／保羅‧亞當斯 Paul Adams）

● 《比較內分泌學》，第一冊 *Comparative Endocrinology, Volume 1*（H. Heller 編）

● 《運動改造大腦：活化憂鬱腦、預防失智腦，IQ 和 EQ 大進步的關鍵》（*Spark: The Revolutionary New Science of Exercise and the Brain* ／約翰‧瑞提、艾瑞克‧海格曼 John J. Ratey & Eric Hagerman）

● 《動機與人格》（*Motivation and Personality* ／亞伯拉罕‧馬斯洛 Abraham Maslow）

● 《絕讚餐飲管理》（やる気と笑顔の繁盛店の「ほめシート」／原邦雄）

● 《靈感》（暫譯，*The Idea Book* ／費德里克‧艾恩 Fredrik Haren）

● 《忘卻與腦科學》（暫譯，もの忘れの脳科学／苧阪滿里子）

● 《不努力，疾病自然痊癒》（暫譯，頑張らなければ、病気は治る／樺澤紫苑）

● 《適度緊張能提升兩倍能力》（暫譯，いい緊張は能力を 2 倍にする／樺澤紫苑）

● 《父親的消失》（暫譯，父親はどこへ消えたか／樺澤紫苑）

● 《那些不堪回首的痛苦，都只是增添人生厚度的養分》（「苦しい」が「楽しい」に変わる本／樺澤紫苑）

● 《最強腦科學時間術》（脳のパフォーマンスを最大まで引き出す 神‧時間術／樺澤紫苑）

● 《精準用腦：提升大腦效能、杜絕失誤的科學開光術！》（絶対にミスをしない人の脳の習慣／樺澤紫苑）

● 《SNS 專家教你的社群文章術》（暫譯，SNS の超プロが教えるソーシャルメディア文章術／樺澤紫苑）

● 《高材生的讀書術》（読んだら忘れない読書術／樺澤紫苑）

最高學以致用法 / 樺澤紫苑作；賴郁婷譯. -- 初版. -- 臺北市：
春天出版國際, 2020.03
面；　公分. -- (Progress；7)
譯自：学びを結果に変える　アウトプット大全
ISBN 978-957-741-260-7(平裝)

1.學習方法

521.1　　　　　　　　　　　　　　　109002382

# 最高學以致用法
### 讓學習發揮最大成果的輸出大全

学びを結果に変える　アウトプット大全

Progress 07

| | | | | | |
|---|---|---|---|---|---|
| 作　　者 | ◎ 樺澤紫苑 | | 總　經　銷 | ◎ 楨德圖書事業有限公司 |
| 譯　　者 | ◎ 賴郁婷 | | 地　　址 | ◎ 新北市新店區中興路二段196號8樓 |
| 總 編 輯 | ◎ 莊宜勳 | | 電　　話 | ◎ 02-8919-3186 |
| 主　　編 | ◎ 鍾靈 | | 傳　　真 | ◎ 02-8914-5524 |
| 出 版 者 | ◎ 春天出版國際文化有限公司 | | 香港總代理 | ◎ 一代匯集 |
| 地　　址 | ◎ 台北市忠孝東路四段303號4樓之1 | | 地　　址 | ◎ 九龍旺角塘尾道64號 龍駒企業大廈10 B&D室 |
| 電　　話 | ◎ 02-7733-4070 | | 電　　話 | ◎ 852-2783-8102 |
| 傳　　真 | ◎ 02-7733-4069 | | 傳　　真 | ◎ 852-2396-0050 |
| E－m a i l | ◎ frank.spring@msa.hinet.net | | | |
| 網　　址 | ◎ http://www.bookspring.com.tw | | | |
| 部 落 格 | ◎ http://blog.pixnet.net/bookspring | | | |
| 郵政帳號 | ◎ 19705538 | | | |
| 戶　　名 | ◎ 春天出版國際文化有限公司 | | | |
| 法律顧問 | ◎ 蕭顯忠律師事務所 | | 版權所有‧翻印必究 | |
| 出版日期 | ◎ 二○二○年三月初版 | | 本書如有缺頁破損，敬請寄回更換，謝謝。 | |
| | 二○二四年三月初版十刷 | | ISBN 978-957-741-260-7 | |
| 定　　價 | ◎ 370元 | | | |